現代の怪異あるいは怪異の現代

現代怪異研究小論集

及川祥平 編著

目次

序　章　現代の怪異、あるいは怪異の現代

及川祥平

はじめに

本書には、現代の怪異に民俗学の立場から接近しようと試みる、四本の文章をおさめている。いずれも、筆者が成城大学および同大学院で指導を担当した卒業論文および修士論文の一部を大幅にブラッシュアップしたものである。それぞれは銘々の興味関心に沿って執筆されたものであり、共同研究のようにテーマの分担や方向づけをしたわけではない。もっとも、筆者の担当ゼミナールは民俗信仰論・現代民俗論を称しており、筆者の専門と関わるコンセプトのもとで、それぞれの卒業論文・修士論文は執筆されている。その意味で、問いと方法をゆるやかに共有しながら取り組まれた研究成果であるといえるだろう。

民俗信仰論とは、日々の暮らしのなかにある宗教文化の研究を意味している。民俗信仰は、民俗学が生活と宗教の接点を問う際に使用してきた概念であり、いわゆる民間信仰や民俗宗教、またはヴァナキュラー宗教（プリ

ミアノ　二〇〇七」などの言葉と指示する対象はおおよそ重なる。現代民俗論は現代社会の日常や諸課題に民俗学の立場からアプローチすることを意味させているが、筆者のゼミでは、「現在を知るための史学」という民俗学の特質をふまえながら、同時代の社会・文化、暮らしや出来事を考えるように促している。在籍するゼミ生はそれぞれ民俗信仰論ないし現代民俗論的なテーマを自ら定めて卒業研究に取り組んでいくわけだが、両研究領域にまたがるような卒論・修論も少なくない。現代社会の霊や神、怪異・妖怪をめぐる文化に、同時代の世相との関係をからめながら取り組もうとする者が多い。本書には、そのような学生たちの研究成果のなかから、近似した関心に基づくものを集めることにした。

本書は「現代怪異研究小論集」と題する。現代の怪異から何事かのことを教え子たちと考えようとしてきた、その経過報告である。本章では、本書の前提を確認する意味をこめて、「現代」の「怪異」を考えるということの意味を問いなおし、各章の議論の補助線としたい。

一、なぜ現代か

「現代」と「怪異」、この言葉の取り合わせについては、あらかじめ説明を加えておく必要があると思う。多様な論文群を束ねる言葉として選び取られたに過ぎないかのようではあるが、そうではない。また、昨今流行りのホラーコンテンツを扱うという宣言でもない。時代の表層を撫でたいわけではなく、むしろ、「私」や「あなた」の「足もと」をひたすら直視することを意味させたい。そのように、この言葉の取り合わせには相応に筆者の願いも託されており、また、実は民俗学という学問の本旨も関わっている。

まず、本書でいう「現代」とは何か。もちろん、時代区分としても捉えてかまわない。しかし、後の各章を通読いただければ明らかなように、本書におさめた論文の射程はそれよりもやや狭い。時代区分としてのみ理解されることも、筆者の本意ではない。

「現代」は、自明の「対象」ではない。むしろ、それは「目的」や「問い」への名づけであるといったほうが適切かもしれない。筆者には、自分が生きるこの時代がよくわからない。だからこそ、民俗学という思考の方法によって、世の中のことを調べ、考えようとしている。また、そのような「私」のことも、実はよくわからない。なにかを感じ、想ったとして、どうしてそのように感じ、想わなければならないのか。また、どうしてこのように生きなければならないのか。現代の民俗学はそのような、この時代のこの社会に生活者として生きる「私」の疑問に、ささやかな回答を見出していくための学問であると思っている。もちろん、現代も近世も近代も、同様に目的や問いであり得る。しかし、それが「問われるべき」であるあり方は相違する。考えてみれば、筆者には近世のことも近代のこともやはりわからないが、その「わからなさ」は、筆者をその内側に含み込んでいるか否かという点で異なる。つまり、問いの切実さが異なる。「現代」とは、それを構成する様々なものがどうあるかということを、ひとつひとつ確認していかなければつかみ取ることのできないような、しかし、それにもかかわらず、私がその中に生きているような、いまこの時に存在する全体である。

民俗学とは、眼前の事実がどうしてそうなったのかという脈絡をつぶさに検討する学問であるともいえる。民俗学は昔のことを研究する学問だという誤解は今なお根強いが、柳田國男は次のように述べている〔柳田　二〇一〇　四一五〕。

我々の疑問は国に属し、又現代に属する。故にこの二つを離れた解答といふものはめったに有り得ない。（略）我々は総ての現世の事相には皆原由があり、其原由は総て今よりも以前、即ち此国の過去に在ったと認めるが故に、時としては身を遼遠の昔に置いて、親しく其真相を把握しようと試みるのである。

「遼遠の昔」を問うことは手段でしかないと、柳田は述べている。ひとつの事実として、私たちは常に現代に生きている。未来はいまだ生きることができず、過去はすでに生きることができない。または、現に私たちが生きざるを得ない、外縁の伸縮する時空間を「現代」という。現代に帰属する一切が現にそうあることの理由は過去にあり、いまに至るまでの脈絡がある。そういう検討に、時間をかけて取り組んでいると、「それ」はたちまち過去に置き換わっていくようなこともあるし、また、それを問おうとする筆者の「現代」も変わっていく。それが何ゆえにそうであるかを問うている間に、あれは果たしてなんだったのかと問わざるを得なくなるし、問われるべきことは常に増えていく。そう考えてみると、現代は常に切実な目的としてのみ存在する。平易に言えば、「現代」とは私たちの移ろい動く同時代性への問いの言明である。

では、「怪異」とはなにか。それは怪しむべき事物、不思議な事物に与えられる総称である。本書でいう怪異は目的ではない。むしろ、素材である。または、認識の焦点である。つまり、怪異という素材をからめることで見えてくる「現代」がある、というのが筆者の考えである。なんらかの出来事が、なんらかのかたちで怪しまれたとき、それは怪異それ自体のことのみならず、それが怪異であり得る状況やなにかを怪しむ主体をも照射している。または、私たちはなんらかの状況なり脈絡に拘束されながら、出来事を怪しんだり不思議がったり、ときには怖がったりしているともいえる。そのような状況なり脈絡が私たちを拘束するあり方こそが、筆者の目的であり、怪異はそれを考えるための（もちろん、極めて魅力的な）題材でしかないわけである。「怪異を文化として捉え、歴史的に考えるという意味でしょう」と、理解される読者もいるかもしれない。それは間違いではない。しかし、「怪異を文化として考える」と宣言することに、筆者は物足りなさを感じる。その文化が、私たちにとって、少なくとも「私」にとっては、きわめて切実な自分事であるという部分に、筆者の置きたい力点がある。文化を問うといっても間違いではないが、むしろ、文化にからめ取られてある私こそが、問われねばならないことだと思うのである。

本書の構えを説明してきたが、その学史的文脈についても説明しておく必要があるだろう。同時代的な「怪異」を論じる先行研究は、それ自体を問うのではなく、それを通して、やはりなにかを問おうとしてきた。まず、それらを概観しておこう。

民俗学におけるこの方面の先行研究としては、古いものでは今野圓輔の昭和三二年（一九五七）の書籍『怪談――民俗学の立場から』や池田彌三郎の昭和四九年（一九七四）の著作『日本の幽霊――身辺の民俗と文学』などがただちに挙げられるところだろう。今野も池田も、民間信仰や説話の世界をふまえつつ、彼らの同時代の怪異・妖怪に論及していた。今野は次のように述べている〔今野　一九五七　一一〕。

人間社会が変遷し、人の心や知識や環境が変わるにしたがって、それらの反映としての妖怪社会は、当然に人間社会とその変遷過程を同じくしている。かれらもまた、人間生活とまったく同様の時代により、環境によって変遷し、消長のあることが明白に立証される。

怪異を怪しむのは人間なのであるから、社会や生活の変化は、怪異のうえにも及ぶ。ただし、今野は「一般の科学知識の普及と、近代科学文化の水準が向上したために、かれらの威力は、しだいに衰えていきつつあることは当然」とも述べており〔今野　一九五七　一二〕、首肯しかねる部分もある。社会の変化は、怪異をつねに現代化し続けるのではないかと思うのである。

実は柳田國男の妖怪研究にも、多分に同時代への意識がみられた。河童やザシキワラシなどの怪異が登場する『遠野物語』には、「要するに此書は現在の事実なり」と記されている〔柳田　一九九七a　一〇〕。つまり、おとぎ話ではないのだと、柳田は述べている。もちろん、怪異が実在するということを述べているわけではない。便宜上、怪異を前近代的なるものに比定するなら、柳田の意図は、近代日本における近代性の偏在、また同時に近代社会に前近代が偏在するという事実を、近代人たる読者に心づかせることにあったといえる。船曳建夫は柳田を、過渡の時代に生き、過去と未来を調停しようとした人物として評価しているが〔船曳　二〇〇〇　五〕、その学問は「過去に縛られながら未来に向かう」私たちを記述することとも言い換え得る〔岩本　二〇二一　二三〕。それは怪異を記述しようとする際も同様だった。『妖怪談義』〔柳田　一九九九〕が現在を歴史化することへの関心に支えられていることは、すでに拙著でもおさえたとおりである〔及川　二〇二三〕。

以上の成果があるとはいえ、「現代」を意識した民俗学の怪異研究は、基本的には一九八〇年代の宮田登の妖怪論〔宮田　一九八五〕、野村純一による口裂け女研究〔野村　一九八四〕、常光徹の「学校の怪談」研究〔常光　一九八六〕、小松和彦による柳田妖怪論批判と新たな妖怪理解の提唱〔小松　一九八二、一九八三、一九九四〕によって切り拓かれていった。アメリカの都市伝説（アーバン・レジェンド）〔ブルンヴァン　一九八八〕、ドイツ語圏の現代伝説（ザーゲンハフテ・ゲシヒテン・フォン・ホイテ／モダン・ザーゲ）概念も日本に紹介される〔ブレードニヒ　一九

九二、一九九三〕。宮田登が都市民俗学を牽引し、野村純一が口承文芸論の立場から世間話研究に関心を示していたように、また、都市伝説の紹介が、「同時代の語り」である世間話の再考の気運と結び付いていたように〔重信一九八九〕、同時代の怪異を対象化しようとする動きは、この時期の、いわゆる農山漁村の「民俗」から都市や現代に関心を拡大させていこうとする民俗学の潮流と結び付いている。ブレードニヒの成果をふまえて日本の現代伝説アンソロジーを編んだ池田佳代子は『ピアスの白い糸』のなかで現代伝説論を「わたしたちという得体のしれないものを考えるひとつの試み」であると述べている〔池田　一九九四　二二〇〕。

こうした潮流は、高度経済成長期以降の都市への人口集中や各地の都市化への対応という、当時の民俗学の課題意識と連動していた。また、ある時期までの民俗学が「民俗」や「伝承」という言葉を、研究対象を弁別する際のカテゴリーとして境界づけてきたことへの反省にも関わっている。そもそも、民俗学が対象としてきた／しているのは、「人びと」の「日常」の「生活」であった。民俗学の形成期に対象化された事物を「民俗」としてカテゴリー化してしまったことで、「民俗の消滅」などという不可思議な危機感の表明が行われたこともあった。そもそも、確立期の柳田國男の学問においては、「同時代」の、「私たち」の「あたり前」な生活を歴史的に考える学問として、民俗学は構想されていた。その過程で要請された「民俗」や「伝承」という概念が、のちの学問の推移のなかで、研究対象を限定する言葉として機能してしまったのである(1)。

少々荒っぽい整理ではあるが、現代の怪異は、民俗学の再・現在学化の流れのなかで対象化されてきたと理解しておく。ただし、同時代の怪異を素材とすることは、「民俗」や「伝承」からの解放の帰結であるよりは、正体不明の現在を把握し続ける過程として試行されてきた。言い換えれば、怪異は世の中の変化を観察する基点のひとつであり続けてきた。「同時代」の、「私たち」の「あたり前」を、「怪異」という認識の焦点を通して問い続けたいという筆者の考えが、孤立したものではないことも改めて確認できるだろう。

怪異が、「怪しく」「不可解で」、つまり「説明のつかない」、そして同時に「避けるべき」「おそろしき」もの・ことであるとして、それに注目してみると、様々な時代に、または様々な生活のシーンで、その状況に見合ったかたちで、出来事の不可解さや恐ろしさが表象されていく、そのあり方を問うことができる。文字通りの意味に加え、そのような観測の基点という意味でも、怪異には歴史がある。我々の眼前の「怪異」からも歴史は問えるのである。

二、怪異に歴史をみる

怪異を世相変化の基点として見るということは、世相史研究の一観点でしかないことは言うまでもないが、怪異研究のアプローチとしても、無数の選択肢の一つでしかない。別様の課題意識や方法意識はいくらでもあり得る。ただし、「現代」という言葉を用いるならば、無時間的なアプローチはそぐわない。それは「史心」を以て対象をみることの言明であり、何らかのかたちで歴史を問うものとなる。ただし、先述のように、それは時代区分に拘束されたものとして怪異を問うのではなく、同時代の状況とそこへ至る過程を知ろうとする意志のもとで、またはそのツールとして、不可解なものたちのあり方を検討することを意味させたい。もちろん、「現代」という言葉は、素朴な経験主義の言い換えではないし、「身の回りのものに目を向けてみましょう」という呼びかけにとどまるものではない。同時代性とは、なにかを歴史化する視点のなかでのみ、つかみ取られるものである。または、「私」を歴史化することで、血肉の通ったものとして「この時代」は可視的になる。

さて、幽霊や怪異にも歴史があるということは、その内容に時代が刻印されており、そのような物語が発せられ、享受されるあり方にも時代が刻印されていることを意味する。それを恐れるあり方も、それを語って怖がらせようとするあり方も、それを恐れるべき理由も、超時間的なものであるよりは、なにかが移ろい動いていく変化の過程の一コマと見なし得る。民俗学は、その学史において、時代を越えて不変・普遍なものがあるというロマン主義的な前提を反省してきたし、現在はそれを厳しく批判している。観測された変化から、その脈絡を考えることを基礎的な作業としているのである。怪異の類もそのような観点から分析することになる。

この点を、いくつかの事例をあげて検討してみよう。こうした問題関心において為されるべきことの一つは、言うまでもなく、事象そのものの形成や変遷の再構成である。それを通してこそ、それらを世相の変化と照合する可能性が拓かれる。例えば、拙著『心霊スポット考』では、幽霊が出現するとされる場所をめぐる言説が変容していく過程を、いくつかの事例において示した。そこからは、複数的であった言説が、影響力のある物語の出現によって、または影響力のある媒体の力によって、形を整えていくプロセスがうかがえた〔及川　二〇二三〕。ある怪異の情報は、それが出現した当初から同じかたちをしていたわけではなく、変遷の帰結として、なんらかのかたちにおさまっていく。もちろん、媒体の影響で怪異が変化するということは、「現代」に固有の現象ともみなし得ない。小澤葉菜は、かつては各地で多様であった河童の視覚イメージが、近世の出版文化のもと、関東の河童像の影響をうけて画一化していった可能性を指摘している〔小澤　二〇一一〕。体験した怖ろしい出来事を胸の内に留めておくのでなければ、怪異はなんらかの媒体を通して伝達されていく。したがって、その機制のもとで変容しつつ再生産されていくのである。

だとすれば、イメージの依って来たるところを確認することも、怪異研究の重要な務めである。今井秀和は妖怪図像の原典探索や図像の変遷について複数の成果を発信しているし〔今井　二〇〇五、二〇一〇〕、妖怪をビジュアル化する文化の位置付けについては小松和彦の整理があり〔小松　二〇〇六〕、近世社会における商品化やキャラクター化については香川雅信の重厚な成果がある〔香川　二〇〇五〕。また、水木しげる等の妖怪の図像化が現代社会の妖怪イメージには大きな影響力をもっているが〔小松　二〇〇三〕、水木妖怪への歴史的アプローチも進んでいる〔清水　二〇〇六〕。近年のインターネット掲示板を対象としたネットロア研究〔伊藤　二〇一六〕、YouTubeへの注目〔永島　二〇一九〕、SNSにおける怪異文化の分析〔廣田　二〇二三〕など、議論の進展は著しい。インターネットにおける掲示板文化はまたたく間に全盛期を過ぎ〔廣田　二〇二二〕、若者にとってはいささか古い文化になってしまった。そして、新しい媒体にはそのような媒体に固有の怪異表現が現れている。その一方、怪談師の活動や怪談会が隆盛しており〔吉田　二〇二二〕、声と身体を通したパフォーマンスも廃れたわけではない。マス的なメディアの発信が声による怪異譚に影響を及ぼしたという見方では捉えきれない、現代の複雑な情報生活のなかで怪異譚は生成されている。

以上をふまえるかぎり、怪異はある時代の人びとに可能な行為や体験、参照可能な情報と結び付いている。拙著で試みたように「心霊スポット」の歴史は、ある面においては、戦後のツーリズムやモビリティとの関係で議論すべき問題であった〔及川　二〇二三〕。また、なにが怪しく、なにが怪しくはないのかも、この場合留意すべきことである。かつての社会において死者霊や神霊の発現として説明され得たものは、今日の社会では必ずしもその限りではない。例えば、虫類の大発生は、以前は死者の祟りとして分節され得た。非業の死者の亡魂が虫に転生し、人びとを悩ませたので鎮めたという伝説は各地にある。虫が大発生することは現代社会でも発生しているが、私たちはそれを祟りだとは見なさない。

また、私たちが超自然的な出来事として分節する様々な体験は、かつての社会においても超自然的領域に分節されていたわけではない。廣田龍平は「妖怪」という概念を「近代世界が構築した想像上の非近代的存在論のなかにこそ位置づけられる」ものと捉えている〔廣田　二〇二二　一四〇〕。出来事を自然と超自然に分節し、一群のなにかをその後者に割り当てる発想のもとで、なにかは驚くに値し、なにかは常の出来事として認識される。ある観点のもとでは怪異と称すべきものもまた、異なる視点のもとでは自然の領域に分節され得るのである。それは人びとの現実認識（リアリティ）の問題に依拠しているともいえる。私たちの認識が近代的な自然／超自然の分節法をどの程度まで受容しているのか、または受容し得ていないのかもここから問い得る。ある出来事は、私たちの眼からみて怪異であるとしても、当事者にとっては「怪しき出来事」ではないということになる。繰り返すが、なにが「怪しい」のか、何が怪異であり得て、どうあれば怪談になるのかは、時代とともに変化する。

そう考えてみると、「怪異」を語ろうとするとき、私たちは、なにが怪しく、何が怪しむに足らないのかを無意識に弁別しているということもできる。怖がらせようと思えばこそ、私たちは、私も相手も怪しむであろう出来事を語る。怪談と称して、不思議でも何でもない事柄が語られたとき、私たちは不満をおぼえる。語り手や聞き手の属する現実が、または、その現実の捉え方や常識が変わることで、怪異はその現在性、または不可解性とでもいうべきものを失っていくわけである。一般にいわれる「怪しきもの」が身近にあるような日常を生きているという人とも時おり出会うが、そうした人も、自身の日常のなにが怪しまれ得るかを理解している。だからこそ、それらの人びとの日常の語りは、私たちに「怪談」として受け入れられる。

日常の変容と怪異の相関は、以前にはあり得なかった体験に、今日的な怪異譚が伴うケースにおいても考えることができる。電子機器を介して発現する怪異はその好例だろう。昨今の怪異譚を通覧していると、筆者などよりもオバケのほうが情報社会の波を巧みに乗りこなしているような気さえする。コロナ禍に急速に普及したオンライン会議システムZoomは、早々にホラー作品の趣向に取り入れられたし、「青木ヶ原さん」のような画像生成AIをめぐる怪談もすでにSNS上で盛り上がりをみせた。

電子機器を取り上げると事例の現代性が際立つかのようではあるが、それは日常のなかに新たに出現した体験や状況の一切にも指摘し得る。怪異譚は、遠い過去の逸話を語るのでなければ、同時代の各種の体験やそれに伴う感覚と関連付いている。例えば、タヌキが汽車に化けたという話である。今日の立場からみれば、近代的な要素が取り込まれた民話という程度に理解する向きも多いだろうが、これは、以前は時代の新しい経験と結び付いていた。柳田國男は『山の人生』『明治大正史世相篇』などで〔柳田 一九九七b、一九九八〕、たびたび、山神楽、天狗倒しといった共同幻覚としての山中の怪音に言及しているが、そのなかに次のような記述がある〔柳田 一九九七b 六〇四〕。

遠州の秋葉街道で聴きましたのは、この天狗のお膝元に居ながら之を狸の神楽と称し、現に狸の演奏して居るのを見たとさへ謂ふ人がありました。近世謂ひ始めたことゝ思いますが、狸は最も物真似に長ずと信じられ、独り古風な腹鼓のみに非ず、汽車が開通すれば汽車の音、小学校の出来た当座は学校の騒ぎ、酒屋が建てば杜氏の歌の声などを、真夜中に再現させて我々の耳を驚かして居ます。

『明治大正史世相篇』では、この話に「電信が新たに通じた村の狢は、人家の門に来てデンポーと喚はつた」という事例も添えながら〔柳田 一九九八 三六五〕、次のように述べる。

新らしく珍らしい音響の印象は、之を多数の幻に再現するまで、深く濃かなるものがあつたらしいのである。我々の同胞の新事物に対する注意力、もしくは夫から受けた感動には、是ほどにも己を空しうし、推理と批判とを超越せしめるものがあつたのである。

汽車の音も、学校の喧騒も、そして電報を知らせる声も、近代において生じた新しい体験である。狸のしわざという前代的な解釈枠組が動員されてはいるが、人々の印象に強く残るような新しい音の体験、または新しい事物への人びとの関心のあり方が、このような幻聴に関わっていると柳田は見ている。怪異譚のなかには、歴史的に、新しい体験、それへの驚きや、そこから生じる不安が刻まれてきたといえるだろう。

さて、以上の事例は音の怪異であった。すなわち、耳で体験される怪異である。怪異に時代の変化を読み解こうとする際、留意すべきものの一つが、怪異を「感覚」する「身体」である。私たちは身体観の現代を、そしてそれらの前代のかたちを、怪異を通して考えることもできる。目で見、耳で聞き、肌に触れ、鼻で嗅ぎ、舌で味わう、日々のそれらの体験のうち、それらが不可解なこととして了解されたとき、それは怪異になる。安井眞奈美は国際日本文化研究センターの「怪異・妖怪データベース」に依拠しつつ、身体に関わる怪異の事例を整理し、妖怪に狙われやすいと考えられていた身体部位を析出し、それらの部位の役割やイメージを検討している〔安井二〇一四〕。

諸感覚のなかで、現代に生きる私たちがもっとも怪異を認識しているのは、どうやら目であるらしい。私たちは多くの怪異の姿を思い描くことができる。怪談話の中では不気味な存在の姿が目視されている。私たちはすさまじい怪異の見た目に怯えている面が、確かにある。しかし、怪異は昔から「見る」ものだったのだろうか。もちろん、前近代的な社会においても怪異は目視されてきたが、民俗事例から析出できる前近代社会における怪異体験は、聴覚が優位を占めるものであったという議論を民俗学では展開してきた〔川島 一九九九、伊藤 二〇一八〕。私たちはいつの間にか、視覚を通して恐れることに慣れてしまったということだろう。もっとも、視覚優位時代の怪異のあり方やそのように至る過程は、今でもわからない部分が多い。

また、感覚は器官の問題であるのみならず、現実の了解の仕方にも関わっている。ドイツ語圏の民俗学者ヘルマン・バウジンガーは科学技術の生活への浸透に伴い、人びとの「地平の崩壊」（または膨張）が発生したと述べている。すなわち、「科学技術は、あたらしい事物世界をつくり出すだけでなく、あらたな社会的・精神的現実の擡頭をうながし、それによって、古い諸々の地平（民俗文化の在来の文物は、このなかで受容されていた）を解消させる」という〔バウジンガー 二〇〇一 六九〕。地平は眺望可能性の限界を意味するものであるが、バウジンガーのいうそれには認識可能性、理解可能性の含意がある。バウジンガーは地平を「できごとの複雑さと理解可能性の境界を区切る」ものといい〔バウジンガー 二〇〇一 八六〕、それは空間的地平や時間的地平、身分的地平、文化的地平といった各種の認識の制約を言い表している。それが崩壊することで、「実際の付きあいにおいては手のとどかないようなものまでが、今や環世界に属するようになる」という〔バウジンガー 二〇〇一 九四〕。地平が崩壊する以前、その向こう側は、「異なった種類の力のはたらきや態度のとり方の対象」、「好奇心や信仰やファンタジーの対象」であり、「非現実的な諧謔や、見知らぬものの魅惑や、超感覚性を、そうした彼方の存在が引きうけていた」ともいう〔バウジンガー 二〇〇一 九五〕。

科学技術は多様なかたちで私たちの認識の限界を押し広げている。私たちにとっての未知の世界、不可解のかたち、他者や異郷理解の解像度を変えた。そのように地平の崩壊した世界において、「怪異」がどのように語られるのかが興味深いテーマとなる一方、私たちはテクノロジーと怪異との関係をも考慮におく必要が出てくる。押見皓介はネットロアのなかに、その職業に従事しているのでなければできないような体験を語るものがみられることに注目している〔押見　二〇二二〕。インターネットでのコミュニケーションは、日々の人間関係のなかでは知り得ないような体験談に触れることを容易にした。大道晴香と伊藤龍平は、情報の送受信者の日常からは遠い、しかし、たしかに存在するであろう場所として空想される「秘境」に注意を払っている〔大道　二〇一六、伊藤　二〇一六〕。

マーシャル・マクルーハンのいうように、テクノロジーは（または人間の行為に関わるあらゆるモノは）「人間の拡張」である〔マクルーハン　一九六七〕。怪異が五感で体験されるものである以上、科学技術時代の怪異は、拡張されたそれらを介して体験される。科学技術と暮らしとの接触が、怪異の怪しさを縮減させることはもちろんあるが、怪異の怪しさを変質させこそすれ、打ち消すものではなかったことは拙稿でも論じた〔及川　二〇二三〕。私たちの技術を介した体験のなかに、怪異がどのように介在しているかを分析することは、私たちの物質生活をめぐる心性の一端を解き明かすものにもなるだろう。怪異とは、その時代の「モノ」の体験、そしてテクノロジーと生活との関係に依存しているといえるのである。

最後に、あらためて確認しておきたいのは、「現代」の怪異を問題とするとき、それは今風の新趣向のみが関心の対象になるわけではない、ということである。古典に確認できる話の趣向が、道具立てをのみ変えながら語りなおされていくあり方は、ひとつの変遷の問題である。日本でも有名なタクシー幽霊の怪談が、アメリカではヒッチハイカーの怪談になることはもはや周知の事実であろう〔ブルンヴァン　一九八八〕。その一方、この怪談は日本でも近代には人力車の怪談であった〔一柳　二〇〇六〕。そして、池田彌三郎の示すように、同道した人物が死者であり、送り届けた先でその人物が死者であったことを体験者が知るという話は『今昔物語』にすでにみえる〔池田　一九七四　五七～五八〕。また、細部の相違はあるものの東日本大震災の被災地の怪談として今日も再生産されている〔工藤　二〇一六〕。道具立てや状況の今日性が重要な留意点であることはもちろんだが、同型の話が変質しつつ時間を越えていくあり方も、この方面の興味深い問題である。

そして、前近代社会において語られ得た怪異譚が、今日の社会においては見いだせないという事実もまた、ひとつの時代の志向を表している。狐狸の類の活躍する怪異譚は現代においても語られ得る。しかし、その語られるあり方は、かつての社会におけるそれとは異質である。その相違が微細なものであれ、そこに私たちの「今」とそこに至る「過去」を照射する手がかりを探ることが、「現代」の「怪異」に歴史を見る醍醐味といえるだろう。

三、怪異を表象する

前節では、怪異がまずもって体験として存在することに注意をむけつつ、それを歴史化することの意義を考えた。もっとも、個々人の体験それ自体は第三者には体験できない。体験は言葉なり身振りなり、または映像なりで表現されることで、第三者に伝達可能なものとなる。私の体験それ自体を誰かが体験できない以上、それらはなにかによって媒介されたものとして、共有可能な次元におかれる。また、言うまでもないことであるが、実際の体験が伴わない怪異を語る言葉や画像・映像というものもあり得る。創作怪談や小説・漫画、ホラー映画の類である。もっとも、前者と後者は没交渉のものではなく、創作された怪異が体験として語られる怪異にも影響を及ぼすことがある。巧みに構成された作品は、そのインパクトによって、怪異の体験やその伝達を方向づけるのである。

先述のように、ことの当事者ではないかぎり、私たちにとって怪異は体験そのものとは切り離されたところにある。声として、文字として、図像や映像として体験される。現代の怪異は、体験それ自体としてあるのと同等以上に、情報として存在している。そのようなあり方を考えようとすることは、表現の手段や技術、表現の空間的・物質的基盤に留意することになるし、それらの受容の様態に注目することになる。したがって、怪異の研究は、テクスト研究であり、パフォーマンス研究であり、また、メディア研究であり、感覚の変容論であり得て、かつ、それらを歴史化したとき、世相史という課題領域に接合する。

声もまたメディアである。説話研究にかぎらず、民俗学はオーラリティを重視する傾向にあり、これには学史的な理由がある。民俗学は、記録に書き残されない現実があることを重視し、文献史学を批判しながら自己形成してきた。「未だ書かれていないもの」は、問いかけて、声として引き出し、書きとめれば良い。この世界に声としてのみ表出するものが存在し、それには価値があるということは、民俗学の初期の重要な原動力となった。もちろん、声の文芸が存在することも、大きな発見であった。ただし、民俗学の口承文芸研究は、長らくの間、テクスト分析の眼差しにからめ取られてきたともいえる。例えば、研究者は説話の全き姿を求めた。柳田國男はもちろん、諸外国の説話研究の学史においても、各地に伝わる、一見すると不十分で不可解な説話の断片は、それらを収集していけば「本来のかたち」が復元できるという発想、つまり、完全な「本来のかたち」がかつては存在し、かつ、それはテクストとしての完成性を備えているという前提のもとで分析されていた時代があった。ドイツ民俗学の昔話研究においては、事例の論理性がドイツのメルヒェンの特質として認識され、テクストのような整合性・完結性を備えた事例が追求された〔河野　二〇一六　五六〇〕。しかし、それは調査の場で民俗学者に開示されるデータの基本的性格を考慮しないアプローチともいえる。話者の語りはテクストを音読するものではないし、音源を再生するものでもない。口承文芸は、つまり、現代社会において観察される声の文芸は、テクストであるよりは一回的な出来事として存在し、そこには逸脱や度忘れが含まれていることがあり、即興の脚色、語り口の変更など、「聴く者」を楽しませたい／怖がらせたい／感動させたいという「語る者」の意図と工夫が介在している。ひとつの物語としての完成性を重視する態度は、そのような口承性を捨象するものとなってしまう。そして、テクストの存在は、ある種の正典として、パフォーマンスを方向づけていくことにもなる。だからこそ、現代の民俗学の口承文芸研究は、ある話が口承と書承（手承・眼承）の間を往還する様《さま》に注意をむけてきたし、声の文芸が文字に書きとめられることでなにが起きるのか、語り部のパーソナリティや語りの生成される場といった諸問題に目をむけてきた。すなわち、パフォーマンスするアクターやその舞台に関心を寄せることとなった。

テクストとパフォーマンスのジレンマに注意することは、現代の怪異譚を考えるうえでも有用である。現代の日本においても、私たちは声で、口と耳で言葉のやり取りをしている。怪異を一回的な手段で表現することは、パフォーマンスである。怪談の上手な小学校の先生は、レパートリーを印刷したプリントを配布するよりは、なにかの機会に口演することで児童の心をつかむ。

しかし、声は私たちの情報生活の一部でしかない。本来は文字列として存在するネットロアをYoutube上で朗読する動画なども、すでに無数に存在する。また、声に注目することは、「名も無き庶民」の「記録化されない日常」に迫る唯一の手段ではなくなった。誰もが情報発信者になり、誰もが手元に各種のアーカイブをもつ時代において、私たちが声で語る物語にのみ注目することは、限られた意味をしか持たない。記録過多の時代にもなお記録化されない日常の瑣事がある一方、顧みられずに死蔵され、うち捨てられていく記録もある。発せられた声、書かれた文字、撮られた映像の種別を超えて、様々な属性の情報に、それに見合った史料的意味を与えていくことで、情報化時代の民俗学は可能になっていくだろう。もちろん、メディアを横断して展開していく物語、多様なツールを介して繰り広げられていくパフォーマンスのみならず、同時代の「語りの場」（情報の発信され受容される場）への注目がそこに伴わねばならない。つまり、私たちのコミュニケーションへの関心が満たされるべきであることは言うまでもない。

さて、情報が媒介されるあり方、特にパフォーマンスされるあり方に注目しつつ怪異を考える場合、必要と思われる構えのひとつは、「怪談」という言葉と「怪異譚」を区別する視点である。「怪異を語ること」と、いわゆる「怪談」は相違する。怪異譚は必ずしも怪談ではなく、また、怪談は必ずしも怪異譚ではない。いうなれば、怪談とは語られる事柄に必ずしも規定されていない。何一つ怪異の現れない怪談というものがあり得るし、伊藤龍平は怪異譚が哀話や猥談であり得ることを示している〔伊藤　二〇二三〕。高木史人は、話材ではなく、「言説」の生成される過程または動態として、怪談の「談」の側面に注目する必要を主張し〔高木　二〇〇五〕、伊藤は怪談を、ある話が怖がらせようという思惑のもとで語られ聞かれる場において成り立つものと捉えている〔伊藤　二〇二三〕。また、田村真美は「稲生物怪録」という怪異の登場する物語の、妖怪譚とは異なる語られ方を検討した〔田村　二〇〇九〕。怪異は怪談には隷属しない。スタジオジブリの映画や『ゲゲゲの鬼太郎』といった諸作品は、怪異を描きつつ、基本的に怪談ではない。それらがなにを談じるために怪異を語っているのかを分析することも可能なのである。コミュニケーションには潜在的・顕在的な目的がある。怪異は多様な目的のもとで語られ得るし、「怖がらせよう」とする意図は、多様な素材を活用し得る。発話の戦略がなにを求め、それはどのような手段を選択し、どのような効果を果たしたといえるのか。怪異譚をパフォーマンスとして考えるということは、出来事や営みの過程として、それを捉え返すことを意味している。

複雑化するメディア社会におけるパフォーマンスとしての怪異譚を考えるうえで、興味深い現象がすでに注目されつつある。文章や話芸、または動画にかぎらず、今日の怪談文化は「怪談実話」「実話怪談」の名のもとに新たな展開を遂げている。実話怪談の担い手〔プレイヤー〕であり、こうした動向を牽引する一人である吉田悠軌は、実話怪談を「不思議な体験をした人から取材した体験談」と説明し〔吉田 二〇二一 二四〕、その取材や編集、またはストーリーテリングの技術について影響力のある概説書を著している。民俗学でもこうした動向に即応し、その特徴としての「未決感」〔飯倉 二〇一六〕や「未成性」〔伊藤 二〇二一〕に関心を寄せている。因果関係の説明を欠いていること、つまり、特権的な解釈者の介在しない怪談の流行は、語り手と聞き手の属する時空間となだらかに接続した物語としての「世間話」と相似するようであるし〔長野 一九九〇、一九九一〕、霊能者による鑑定素材として読者投稿の怪談話が盛んに取り上げられてきた戦後のオカルトメディア史が用意してきた動向のようでもある。一九七〇年代以降にタレント化した専門家的人物の物言いに人びとが興味を示しえなくなっていったこと、飯倉の言い方を借りれば「心霊科学の文体への反発」も背後にあるだろう〔飯倉 二〇一六 二五七〕。専門家によって高度に構造化された物語への飽食感が、実話らしきものを求め、しかし、それが技巧を駆使するプレイヤーという新たな専門家の手で構造化されて語られていくあり方は、怪談文化の新たなかたちを照射している。

ところで、怪談からのこのような因果関係の欠落は、現代人のリスク意識を照射しているという見方もある。

飯倉は「怪談実話」「実話怪談」流行の社会的背景を、次のように述べている〔飯倉　二〇一六　二七一〕。

現代日本を生きる私たちの抱える恐怖は、孤立した環境で、見知らぬ他人から理不尽な攻撃をいつ受けるかわからないという不安、「理不尽な因果」にからめ取られる恐怖だといえる。こうした不安や恐怖を漠然と、しかし強く感じながら、不安や恐怖の対象を絞りきれずにいた多くの人々にとって、怪談実話はその不安や恐怖を十分に代言してくれる「民話」として、また不安や恐怖を可視化して和らげてくれる「癒し」として、機能したのではないだろうか。

理由があって恨まれたり呪われることももちろん怖いが、現実に発生する様々な災難のなかには、まったく唐突で理不尽なものも少なくない。どうしてこんな目にあうのかと問うても致し方のない各種の不幸の体験が私たちの日常の中にはあり、また、そのような不幸のニュースはマスメディアがいくらでも報じてくれる。こうした災いのリアリティが怪談に影響していることは想定して良いだろう。また、それらの現実の災難をめぐる専門家の語りが、どれだけ出来事を適切かつ整合的に説明し得ているかも改めて考える必要がある。現代社会は、専門家の権力が常に相対化される時代でもある。怪談・怪異譚の解釈権が専門家の手を離れつつある現代は、怪異のかたち、怪異の表象・表現のあり方が多様化していく時代であるかのように期待される。しかし、新たな事象は、時空の離れ小島のように現れるわけではない。それらの生起する脈絡を見定めていくことが、現代民俗学的な怪異研究の課題であるといえる。「怪異」と「それを表象すること」を区別するときに見えてくるのは、読み手・聞き手を怖がらせようとする「仕掛け」〔伊藤　二〇二三〕や技術・技巧、そのもとに動員される数々の「道具立て」

である。「怪談実話」「実話怪談」は、既存の仕掛けへの異議申し立て、従来の技術・技巧・道具立てへの反発として理解することもできよう。怪異が時代に即応して変化するように、怪談もまた、成長を続けているのである。

最後に、「怪談を語ること」への注目が、民俗学と研究対象との関係を検証する意味をもつことに触れて、本稿の主要な検討を終えたい。怪異譚には、または怪談には、民俗学の研究成果が流入している。または、怪異譚を愛好する人びと、怪談のプレイヤーを自認する人びとは、必ずしもアカデミックな手順はふまないまでも、対象について「考察」を重ねる。研究者の発する言説と非アカデミックな探究者の言説は、一般向けの書籍やウェブサイトの情報のなかで、またはそれらの摂取を通して、綯い交ぜになりながら流通し、怪異のかたち／怪異譚のかたちを方向づけている。現代の子どもたちと語らう機会をもつと、話題が妖怪に及ぶことがある。漫画・アニメ・映画・ゲーム等で妖怪は人気のコンテンツだからであり、彼らの妖怪の知識量は相当なものである。その妖怪知識には、当然のことながら民俗学の研究成果が流れ込み、それと同等程度に近世の創作妖怪やアニメや漫画の情報が流入し、ひとつの像を形成している。これは最近の子どもたちに特有の現象ではない。子どものころに筆者が作成した自前の妖怪図鑑を先日引っ張り出してきたところ、個々の項目執筆に際して参照された情報源はやはり似たようなものであった。研究者もまた社会の情報伝達のネットワークのなかにおり、かつ、情報生産者として独特の役割を果たしている。先行研究の書き手たちは、怪異をめぐる言説空間のなかに、意識するにせよしないにせよ、あらかじめ参加している。筆者も同様である。つまり、それはどこかの誰かの文化として無責任に記述すべきものであるよりは、無数の語り手・聞き手、書き手・読み手と筆者も含めた「私たち」の問題として再考される余地がある。民俗調査の場における話者の語りに、民俗学的な知識の還流がみられることは、早くから民俗学者の注意を引いてきたが、怪異を探究する私たちは、やはり、この怪異をめぐる世相に影響を及ぼすアクターであることは自覚されて良い。怪異を通してこそ手を取り合える「私たち」というものがあるという意味において、それは学問が直面した困難な状況を指し示すものではない。民俗学は「私たち」をこそ、問うものともいえるからである。

冒頭から繰り返し述べてきた筆者の意図が、ここらでおおよそ回収されたものと思う。「怪異」の「現代」を考えるとは、または「現代」の「怪異」を考えることとは、いくつもの意味において、私たちがすでに埋め込まれている何かについて問うことである。または、そのような何かのなかにいる「私」や「私たち」を知ろうとする試みである。そのような「現代」をつかみ取ろうとして、筆者の民俗学研究は小さなレンガを積み上げるように細々と進めているのであるが、そのような思いが教え子たちにも十分に届いているかはわからない。以後の各章を一読いただき、読者のご判断を仰ぎたい。

むすびに

最後に各章の概要を紹介し、この序論を終える。

第一章に位置付けた本間朱音の「現代の怪異譚における身体――『新耳袋　現代百物語』と『山怪　山人が語る不思議な話』の分析から」は、二〇二一年度に提出された卒業論文を大幅に改稿したものである。本間は「怪談実話」「実話怪談」の記念碑的シリーズである『新耳袋』収録の全九九〇話を対象に、身体部位を意味する言葉を悉皆的に抽出し、それを人びとが怪異を体験する際の五感（すなわち、身体）と、そこで認識された怪異の身体に整理し、あわせて、山中の怪異体験談を収集した『山怪』収録の事例と対照させることで、これらの怪異譚を語り、受容する私たちの身体観を考えようとしている。

第二章に位置付けた谷原颯月の「現代ザシキワラシ考――福島県会津坂下町の松林閣の事例から」は、二〇二〇年度に提出された卒業論文を改稿し、『現在学研究』九号（二〇二二年）に掲載された論文の再掲である。再掲にあたっては若干の修正を加えている。谷原は現代のザシキワラシがその性格を変えつつあるという先行研究の指摘をふまえ、ザシキワラシが出現するという旅館で調査を実施し、宿泊者ノートの分析からその体験様態を分析している。また、ザシキワラシは現代社会において人気のコンテンツであるが、メディアの影響によって体験談が方向づけられている可能性を示している。

第三章に位置付けた郷司天音の「日常を揺るがす怪談――自己責任系怪談の実態」は二〇二一年度に提出された卒業論文を大幅に改稿したものである。郷司は、「この話をきいたあなたは……」等の言い回しで、聞き手・読み手に恐怖を喚起する一連の怪談を自己責任系怪談として包括し、その話を聞いてしまった／読んでしまった結果としてなにが起きるとされているのか、それを避けるためにはどのような方法が提示されているのかを集計した。これによって、まだ全貌の必ずしも明らかではない一群の怪談について、その傾向をつかみ取ろうとしている。怪談・怪異譚のなかには、個別事例の全貌の把握や実証的検討が十分に為されていないものが多い。郷司論文はそうした課題に応えようとした成果であるといえる。

第四章に位置付けた押見皓介の「ネットロアにおける類例発生のあり方――くねくねを事例として」は、二〇二二年度に提出された修士論文の一部を改稿した成果である。押見はネットロアとして有名な「くねくね」を取り上げるが、それに触発されて投稿されていった、亜種とでも理解すべき周辺事例も「くねくね」のイメージ形成に寄与していったこと、また、「くねくね」をめぐるインターネット上の各種のコミュニケーションもまた、そこに相関することを明らかにしている。テクストとしての「くねくね」ではなく、発話の連鎖が妖怪存在のかたちを結んでいく過程を捉えた成果であるといえるだろう。

本論集は多様に現出する現代の怪異の一部をしか取り上げ得ていない。しかし、各論文は、「現代の怪異」または「怪異の現代」を問ううえで必須となる、個別の事象、個別のテーマの基礎研究の成果であると位置づけることができるだろう。怪異は魅力的なテーマであり、また、研究者の層も厚い。議論の深まるスピードも著しい。だからこそ、性急な概括に走らず、事実の把握を積み重ねていく必要があるとも思う。怪異を通して現代を歴史化することは、このような地味で地道な作業を通してのみ、可能になるものと考えている。

怪異は目的ではなく素材であると、前段で述べた。ただし、ここで述べた意味において、怪異は可能性の沃野でもあると思っている。本書が同好の読者の関心において、礎石のひとつともなれば、幸いである。

注

（1）なお、民俗学は「民俗」を研究対象にするから民俗学であるわけではない、という根本的批判については岩本通弥の議論を〔岩本　一九九八〕、伝承をカテゴリーではなく文化伝達の動態として再考するものとしては加藤秀雄の議論を〔加藤　二〇二三〕、また、「民俗」を人間の俗なる側面に注目して「ヴァナキュラー」として再定位する立場としては島村恭則の議論〔島村　二〇一八〕を参照されたい。

参考文献

・飯倉義之　二〇一六「怪談の文法を求めて――怪談実話／実話怪談の民話的構造の分析」一柳廣孝（監修）・飯倉義之（編）『怪異を魅せる』（怪異の時空・二）青弓社
・飯倉義之　二〇一七「口承文芸研究はなぜ『疑似的な声』と向き合えないのか」『國學院雜誌』一一八―四号

・池田香代子　一九九四「解説・現代伝説を語ることばへ向けて」池田香代子・大島広志・高津美保子・常光徹・渡辺節子編『ピアスの白い糸』白水社

・一柳廣孝　二〇一六「幽霊はタクシーに乗る―青山墓地の怪談を中心に―」一柳廣孝（監修）、今井秀和、大道晴香（編）『怪異を歩く』（怪異の時空Ⅰ）青弓社

・伊藤龍平　二〇一六『ネットロア―ウェブ時代の「ハナシ」の伝承―』青弓社

・伊藤龍平　二〇二一「実話怪談の未成感と解釈について―『型』からの逸脱と『物語』の拒否―」『現在学研究』七号

・伊藤龍平　二〇二三『怪談の仕掛け』青弓社

・今井秀和　二〇〇五「現代妖怪図像考――水木しげる版『油すまし』を中心に」『怪』一八　角川書店

・今井秀和　二〇一〇「妖怪図像の変遷――『片輪車』を中心に」小松和彦編『妖怪文化の伝統と創造――絵巻・草紙からマンガ・ラノベまで』せりか書房

・岩本通弥　一九九八「「民俗」を対象とするから民俗学なのか――なぜ民俗学は『近代』を扱えなくなってしまったのか」『日本民俗学』二一五

・岩本通弥　二〇二一「過去に縛られながら未来に向かう」岩本通弥・門田岳久・及川祥平・田村和彦・川松あかり編『民俗学の思考法』慶應義塾大学出版会

・及川祥平　二〇二三『心霊スポット考』アーツアンドクラフツ

・大道晴香　二〇一六「一九六〇年代の大衆文化に見る「非合理」への欲望（Ⅱ）――「〈秘境〉ブーム」をめぐって」『蓮花寺佛教研究所紀要』一一

・小澤葉菜　二〇一一「「河童」のイメージの変遷について――図像資料の分析を中心に」『常民文化』三四

・押見皓介　二〇二二「ネットロアで語られる場所をめぐる一考察―いわゆる『洒落怖』の実態把握を通して―」『常民文化』四五

・香川雅信　二〇〇五『江戸の妖怪革命』河出書房新社

・加藤秀雄　二〇二三『伝承と現代――民俗学の視点と可能性』勉誠社

・工藤優花　二〇一六「死者たちが通う街　タクシードライバーの幽霊現象」金菱清（ゼミナール）（編）『呼び覚まされる

霊性の震災学』新曜社
・河野眞　二〇一六『ファウストとシンデレラ』創土社
・小松和彦　一九八二『憑霊信仰論』伝統と現代社
・小松和彦　一九八三「魔と妖怪」『神と仏』（日本民俗文化体系　四）小学館
・小松和彦　一九九四『妖怪学新考』小学館
・小松和彦　二〇〇三「妖怪と妖怪研究――序論に代えて」小松和彦編『日本妖怪学大全』小学館
・小松和彦　二〇〇六『妖怪文化入門』せりか書房
・今野圓輔　一九五七『怪談――民俗学の立場から』社会思想研究会出版部
・重信幸彦　一九八九「『世間話』再考――方法としての「世間話」へ」『日本民俗学』一八〇
・島村恭則　二〇一八「社会変動・生世界・民俗」『日常と文化』六
・清水潤　二〇〇六「一九七〇年代の『妖怪革命』―水木しげる『妖怪なんでも入門』―」、一柳廣孝『オカルトの帝国――一九七〇年代の日本を読む』青弓社
・高木史人　二〇〇五「怪談の階段」一柳廣孝編『「学校の怪談」はささやく』青弓社
・田村真実　二〇〇九「〈稲生物怪録〉をめぐる『談』―妖怪譚と武勇譚―」『世間話研究』一九
・常光徹　一九八六「学校の世間話――中学生の妖怪伝承にみる異界的空間」『昔話・伝説研究』一二
・永島大輝　二〇一九「『異世界はエレベーターとともに。』YouTuber の都市伝説」『世間話研究』二七
・長野晃子　一九九〇「世間話の定義の指標」（一）『世間話研究』二
・長野晃子　一九九一「世間話の定義の指標」（二）『世間話研究』三
・野村純一　一九八四「話の行方――『口裂け女』その他」川田順造・柘植元一編『口頭伝承の比較研究』一　弘文堂
・バウジンガー、ヘルマン　二〇〇一「科学技術世界のなかの民俗文化」（河野眞訳）『文明21　別冊』（ディスカッション・ペーパー2）愛知大学国際コミュニケーション学会
・廣田龍平　二〇二一「2ちゃんねるオカルト板「死ぬ程洒落にならない怖い話を集めてみない？」略史」『怪と幽』七　KADOKAWA

・廣田龍平　二〇二二『妖怪の誕生――超自然と怪奇的自然の存在論的歴史人類学』青弓社
・廣田龍平　二〇二三『〈怪奇的で不思議なもの〉の人類学――妖怪研究の存在論的転回』青土社
・船曳建夫　二〇〇〇『柳田国男』（快速リーディング2）筑摩書房
・ブレードニヒ、ロルフ・ヴィルヘルム　一九九二『悪魔のほくろ』（池田香代子、真田健司訳）白水社
・ブレードニヒ、ロルフ・ヴィルヘルム　一九九三『ジャンボジェットのねずみ』（池田香代子、鈴木仁子訳）白水社
・プリミアノ、レナード・ノーマン　二〇〇七「宗教民俗における方法の探求とヴァナキュラー宗教」（小田島建己訳）『東北宗教学』三
・ブルンヴァン、ジャン・ハロルド　一九八八『消えるヒッチハイカー――都市の想像力のアメリカ』（大月隆寛、重信幸彦、菅谷裕子訳）新宿書房
・マクルーハン、マーシャル　一九六七『人間拡張の原理』（後藤和彦、高儀進訳）竹内書店
・宮田登　一九八五『妖怪の民俗学』岩波書店
・安井眞奈美　二〇一四『怪異と身体の民俗学――異界から出産と子育てを問い直す』せりか書房
・柳田國男　一九九七a「遠野物語」『柳田國男全集』二　筑摩書房
・柳田國男　一九九七b「山の人生」『柳田國男全集』三　筑摩書房
・柳田國男　一九九八「明治大正史世相篇」『柳田國男全集』五　筑摩書房
・柳田國男　一九九九「妖怪談義」『柳田國男全集』二〇　筑摩書房
・柳田國男　二〇一〇「採集期と採集技能」『柳田國男全集』二二　筑摩書房
・吉田悠軌　二〇二二『一生忘れない怖い話の語り方――すぐ話せる「実話怪談」入門』KADOKAWA

第一章

現代の怪異譚における身体

――『新耳袋　現代百物語』と『山怪　山人の語る不思議な話』の分析から

本間朱音

はじめに

幽霊や妖怪が出現する物語は、人々の関心を集めるコンテンツである。しかし、そこで語られる怪異は、いつの時代にも同じように怖いわけではない。何が怖いのか、どうされることが怖いのかは、時代によって、社会や文化のあり方によって相違する。では、それはどのような相違として物語のうえに現れてくるだろうか。

本章では身体に注目してこの点を考えてみる。現代の怪異譚において、人々がどのように怪異と接触し、またどのように怪異を知覚しているのかを分析する。この作業は、怪異研究のみならず、現代社会に生きる人々の身体観、身体感覚について考えることにもつながっていくだろう。

一、先行研究の整理と問題の所在

怪異と身体の関係を考えるうえで、小松和彦の述べる妖怪の三領域は示唆的である。小松は妖怪を①出来事としての妖怪（現象─妖怪）、②超自然的存在としての妖怪（存在─妖怪）、③造形化された妖怪（造形─妖怪）の三つの意味領域に分ける見方を提示した〔小松 二〇〇六 一〇～一七〕。すなわち、現象の体験と、その現象の原因として想像される存在、そしてそれが造形化されることで、そのイメージが人々に共有され固定化されている状況を指す。これをふまえるかぎり、怪異との接触や知覚の在り方を考える本章は、現代における怪異の「出来事としての」あり方に焦点を当てるものだと言えるが、怪異の身体を問題とするかぎりにおいて、「存在としての」あり方にも踏み込むことになる。

そのような怪異の体験的領域を捉えようとする研究は、妖怪の伝承と身体の関わりに焦点を当てつつ議論を深めてきた。例えば、安井眞奈美は国際日本文化研究センターの「怪異・妖怪データベース」に収録された伝承を合計三九ヵ所の身体部位ごとに分類した〔安井 二〇一四〕。そこから妖怪に狙われやすい身体部位、怪異現象の起こりやすい身体部位を分析し、そこに反映される人々の身体観について考察している。安井はこれらのデータの中に「妖怪が攻撃する身体」と「妖怪の身体」が混在していることを指摘した上で、「妖怪が攻撃する身体」において狙われやすいのは「目・鼻・口・耳・性器・肛門・毛穴」といった身体の開口部、それ以外にも指と指の間や股下などの隙間となっている部分や背中も当てはまると述べ、各部位が持つ役割や人がその身体部位に抱くイメージを明らかにしている。

同様に、三柴友太は、特に足と背中に関わる妖怪・怪異に注目し、その比較を通して日本人の身体感覚・空間認識のあり方を考察している〔三柴　二〇一二〕。三柴が資料としたのは昭和二六年（一九五一）の『民俗学辞典』に記されている妖怪の分類のひとつ「路傍の怪」、すなわち、夜間の行路にあらわれる妖怪の記録である。三柴は「路傍の怪」に包括される事例において、人間の視角外の空間である下（足元）と後（背後）が妖怪に狙われやすく、警戒すべき空間であると指摘している。「路傍の怪」は夜道で研ぎ澄まされる視覚以外の感覚など、人間の身体感覚、空間認識を顕著に表した伝承となっている。また、三柴は背中・足と魂にまつわる伝承が多いことから、足や背中が人間の霊的な急所であり、魂の出入り口になっていたという身体観についても言及している。

常光徹は、様々なしぐさを伴う伝承を対象として、そのしぐさに込められた意味や人々の価値観を研究している。特に怪異との関係については、三重県志摩地方の海女の間に伝わる「トモカヅキ」や福島県河沼郡会津坂下町に伝わる「ウブメ」などを対象に、「後ろ手」といったしぐさ、「後ろ向き」にまつわる伝承、「振り向く」ことの禁忌から、背後に立ち現れる異界とその異界と交わる身体について述べている。あくまでもしぐさに焦点を当てるものではあるが、怪異・妖怪を身体観・身体感覚の観点から考察するうえで示唆に富む。

さて、身体と怪異の関係を考えることとは、怪異がどのように知覚されるかを考えることでもある。川島秀一は、東北地方のザシキワラシと現代のザシキワラシの相違を指摘し〔川島　一九九九〕、かつては音を聞き、気配を感じるだけで、姿が見えるようになるとその家は没落してしまうと語られていたザシキワラシは、現代においてはっきりと目に見えるように変化しており、それを現代の『視覚優位』の社会」と関連づけている〔川島　一九九九　二六一〕。

伊藤龍平もまた、妖怪として認知されている現象と身体感覚の関係について分析している〔伊藤　二〇一八〕。

伊藤は、妖怪を「身体感覚の違和感のメタファー」として捉える立場のもと〔伊藤　二〇一八　一四〕、福井県の「ビシャガック」という妖怪を例に挙げ、人間が感じる怪しいという感覚が先に存在し、それに名前が付けられることで妖怪が生まれると述べている。また、伊藤は五感の中でも聴覚は妖怪を捉えるのにもっとも機能していたと述べ、とりわけ、夜間や山中など視覚が制限される場合に「聞く」妖怪がよく現れるという。(1)

妖怪が発する怪音と、人が妖怪に聞かせる音の二種類の音について検討する常光もまた、「怪音を聴くのは、周囲が見えない、あるいは見えづらい状況と裏腹の関係にある」と述べている〔常光　二〇一七　三九〕。また、妖怪の中には、音ではなく言葉を使って人に話しかけ、呼びかけるものがある。音の怪がその場に居合わせたものがたまたま耳にするものであるのに対して、妖怪の声は人に向けられる。またその場合、妖怪の姿が見えているときと、そうではないときがある。そして人間が妖怪の声を聞くだけではなく人間の側が妖怪に音や声を聞かせることもあり、妖怪や邪悪なものを撃退したり、逆に招き寄せたりする効果を持つと常光は述べている。妖怪の「音」と「声」に関する常光の指摘をふまえ、怪異が人間に意識を向けているか否かという点は、のちほどの分析に際して留意したい。

以上の先行研究に共通して言えることは、対象となる妖怪・怪異についての資料は伝承的、また俗信的な性格を持つものが多いということである。安井や三柴が分析した資料は民俗資料や近世文献であり、そこから読みとれる人間の身体感覚は、現代の私たちに必ずしも当てはめることはできないと考える。安井は、現代において語られるタクシードライバーの怪異譚を取り上げ、「背中が、人々の異界と交流する際の重要な身体部位であり続けているかどうかは、さらなる検討が必要であろう。そこには私たちの異界観の変容とともに、身体観の変容も大きく影響していると考えられるからだ」と述べているが、課題の提示にとどまっている〔安井　二〇一四　二五一〕。

本稿ではこうした課題を解決すべく、現代の怪異譚を身体に注目して分析してみたい。そこで主要な分析対象とするのは木原浩勝・中山市朗の『新耳袋　現代百物語』（以下『新耳袋』）シリーズである。『新耳袋』はすでに怪談実話(2)・実話怪談への関心のもと、飯倉義之、伊藤龍平らによって注目されている。怪談実話・実話怪談は一九九〇年前後に黎明期を迎え、一九九八年頃から拡大していった新しいジャンルの怪談であり、怪異についての説明がなく、内容に「オチ」がないことが特徴といえる。「実話」であるがゆえに因果や起承転結がなく、怪異を合理的に説明することが不可能なのである〔飯倉　二〇一六　二五三〜二五四〕。また、もうひとつの特徴として怪異から攻撃される理由の不確かさが挙げられ、人間の常識が通用しない状況に翻弄される人々を語る怪談が怪談実話・実話怪談であるといえる。飯倉はウラジーミル・プロップの「魔法昔話」の分析にならって怪談実話にある文法を導き出すことを試み、その結果、怪談実話は怪異の意味づけと収束を回避する構造が物語の文法のレベルで徹底されていることを明らかにした。

一方、伊藤は『新耳袋』第一巻を取り上げ、そこに含まれる仕掛けや実話怪談独自のあり方について述べている〔伊藤　二〇二一〕。伊藤もまた、実話怪談が成り立つ条件として、発端・中途・結末が不明瞭な未成感が実話怪談の特徴であると述べている。

以上のように、飯倉や伊藤らの研究では本論文が分析対象とする『新耳袋』を取り上げていたが、あくまでも怪談実話・実話怪談というジャンルが関心の対象であり、そこで語られる体験の不条理性への指摘はあるものの、身体観と関連づけた分析はなされていない。

本章では、このような現代怪異譚から、現代の日本人における身体感覚を分析する。古くから語られる伝承や俗信ではなく、現代に書かれた怪異譚の中で人間の身体はどのようにして怪異と接触するのか、そしてそこに映し出される身体感覚はどのようなものか、またそれらと先行研究の間で見出された身体感覚との差異を考察する。それにより現代人が怪異によってもたらされた身体の違和感をどのように解釈するのか、優位性のある身体部位や感覚について明らかにする。

二、調査内容と調整成果

（1）調査内容

本節で分析対象としたのは、『新耳袋　現代百物語』の角川文庫版（二〇〇二～二〇〇八）である。同書は一九九〇年に『新耳袋――あなたの隣の怖い話』として扶桑社から出版され、一九九八年にメディアファクトリーで再版された『新耳袋　現代百物語』シリーズを文庫化したものである。

『新耳袋』は著者の木原と中山が個人的記録として集めた怪奇で不思議な話を書籍として出版したもので、百物語の形式にのっとり、一巻（一夜）あたり九十九話で、全十巻（第一夜～第十夜）から成る。九十九話の収録であるのは、この九十九話に読者の体験を加えることで百物語が完成するという趣向である。

第一夜のあとがきには「本書は、古来より言い伝えられた怪異ではなく、二〇世紀末の現代に起こった百の怪異を伝えるものなのである」とあり〔木原・中山　二〇〇二a　二九九〕、現代の怪異譚を集めたことが明記される。厳密には戦時中の体験談なども登場するものの、語られた場が現在であれば収録する方針であった模様である。木原は同じくあとがきで「『新耳袋』は、体験談をもとにした怪談に近い本だと思っています」〔木原・中山　二〇〇二a　三〇一〕、「怖がらせる演出的要素をしてない上に、印刷物ですから正確には、〝談〟という語りではありません」と述べている〔木原・中山　二〇〇二a　三〇一〕。『新耳袋』はあくまでも体験談が集まった書籍であり、「怖がらせよう」という意図を持って語られたものではないことがわかる。

調査方法としては『新耳袋』シリーズ全十巻の各話から身体に関わる語句を抽出し、①怪異の身体、②怪異と交わる体験者の身体、③体験者・登場人物の身体（怪異と交わらない身体の描写等）、④その他（慣用句やその文字を含むが怪異、体験者・登場人物の身体に関わらないものなど）の四つに分類した。また身体部位だけではなく、五感のうちのどこに訴えかけてくる怪異であるのかもあわせて記録した。

抽出する語句は安井が行った身体部位の分類を参考にしたが〔安井　二〇一四〕、それ以外の身体部位に関わる語句も独自に抽出している。五感については「視覚・聴覚・嗅覚・味覚・触覚」の他に「五感全て」と「五感なし」という項目を設けた。「五感全て」は特定の五感に作用しているわけではないが全く作用していないとは言い切れないもの、主に空間そのものに作用する怪異を分類した。「五感なし」は特定の五感に作用しない不思議な話を分類した。この作業を第一夜～第十夜までの各話で行い、そこで得られたデータから現代における人々の身体観、身体感覚について考察する。

分類の例として『新耳袋』の第一夜第三十七話「旅館の廊下にいた子供」をここで取り上げる〔木原・中山　二〇〇二a　一〇五～一〇六〕。なお、引用文中の傍線は筆者による。

　A氏が学生時代、修学旅行先の旅館であった話である。
　温泉に入ろうとみんなで部屋を出た。長い廊下を突き当たって、角を右に折れると温泉に出る。
　その廊下を歩いていると、ひとりの子供がたったったったっ、とうしろから早足でやってきて、みんなを追い越していった。そして、角を曲がって消えたかと思うと、ひょこっと顔を出す。

そしてまた、こちらにたったったったっ、と早足でやって来てうしろに行ったかと思うと、戻って来てみんなを追い越して角を曲がり、ひょこっとまた顔を出す。

その子は自分たちがその角に来るのを待っている様子である。

「この旅館の子かな？　いやに人なつこい子だな」

やがて、その角にさしかかろうとした時、その子はひっこめたまま顔を出さない。

「僕らが来るのを待ち伏せでもしているつもりかな」

思う間もなく、角を右に折れる直前、その子と目が合った。

天井近くのみんなを見下ろす位置から顔を出している。

「え？」

驚いて、脚立かなにかでも上っているのかと思ったが、角を曲がってもその子供の姿などどこにも見当たらない。

見えたのは、廊下のはるか先を行くほかのクラスの者たちの背中のみであったという。


この話に登場する身体に関わる語句は、「足」「顔」「目」「脚」「背」である。まず「足」と「脚」は「早足」「脚立」という熟語に含まれる。この場合の「足」「脚」はそれぞれ特定の怪異や登場人物の身体を指すものではないので、先述の④その他に分類することになる。「早足」という熟語は二回出てくるのでデータ数は二件、「脚」は一件となる。次に「顔」は「ひょこっと顔を出す」「また顔を出す」「ひっこめたまま顔を出さない」「見下ろす位置から顔を出している」の四回である。いずれもこの旅館に出る子供の姿をした怪異の顔を指しているため、①怪異の身体に分類し、データ数は四件とする。「目」は「その子と目が合った」の一回である。「目が合う」とは、怪異に直接触れているわけではないが、ただ怪異を目撃しているだけでなく、同時に怪異から見つめ返されていると考えられるため、②怪異と交わる体験者の身体に分類する。もちろん、②は怪異との接触を想定している項目である。最後に「背」は「クラスの者たちの背中のみであった」の一回であり、熟語であるが登場する人物の身体部位に当てはまるため、③体験者・登場人物の身体に分類しデータ数は一件とする。そして、この話に登場する怪異は姿が目に見え、「たったったったっ」という足音が聞こえるため、五感ごとでは「視覚」と「聴覚」に分類することになる。

以上は身体部位また五感ごとの分類の一例である。このほか、「五感全て」「五感なし」は特に説明を要するだろう。これらに該当する話について例示しつつ説明しておく。

まず、「五感全て」に該当する事例として、第六夜の第七十四話「狐越え」を取り上げてみたい。この話は山形県にある狐越えという道にまつわる話である。体験者が自転車でその道を通り友人の家へ向かうも全く辿り着かず、周りの景色もまったく変わらない。不安になっていたところ、突然目の前に先に到着していた友人が迎えに来てくれた。その友人についていったところすぐに家に着き、そして帰り道はとても真っ直ぐで短く迷うような道ではなかったという内容である〔木原・中山　二〇〇四b　二〇〇〜二〇一〕。この話における怪異は「実体」として現れたのではなく「現象」として出現している。短いはずの道が何故か延々と続くという出来事が、この話における怖さのポイントであるが、その現象を引き起こす原因となる何者かが登場するわけではない。しかし体験者は変わらない周りの風景を見て、友人の声を聴いている。そして書かれてはいないが、おそらく体験者は迷っている間も自転車に乗りながら風や木々の匂いを感じていただろう。このように特定の感覚に作用しているわけではないが、全く作用していないとは言い切れないもの、空間の総体として感知される怪異を「五感全て」として分類する。

次に「五感なし」の分類については同じく第六夜の第二十六話「靴隠し」を例に挙げる。この話の体験者には愛犬がおり、その犬はいつも体験者の靴を右足だけ持ち出し隠す癖があった。愛犬が亡くなった後もたびたび靴がなくなり隠されていたという内容である〔木原・中山　二〇〇四b　九一〜九二〕。この話における怪異は愛犬が生前に繰り返していた行為が、亡くなった後もなぜか繰り返されているという点である。しかし亡くなった愛犬の姿は見えず、足音なども聞こえない。靴が隠されていることを視認してはいるだろうが、視覚体験に怖さのポイントがあるわけではない。このように、どの五感にも作用しないがたしかに不思議な現象が起こっている場合は「五感なし」に分類する。

また第一夜第二話「仏壇の間」は、戦時中のとある夜に体験者含めその家族全員が何故か仏間に集まり念仏を唱えていると、隣の部屋に焼夷弾が落ちた。しかし家族全員何かに導かれるように仏間にいたため助かったというものである〔木原・中山　二〇〇二a　一九〜二〇〕が、このように神仏の加護や不思議な直感のようなものが働いたといった内容の話も同じく「五感なし」に分類している。

（2）調査結果

まずは身体部位ごとの集計結果から検討していく。第一夜から第十夜の全九九〇話から得られた総データ数は五九二六件であった〔表1〕。そのうち、①怪異の身体が一五七七件、②怪異と交わる体験者の身体が三七八件、

③体験者・登場人物の身体が二一二二件、④その他が一八四九件という結果になった。『新耳袋』はひとつひとつの体験談に身体の描写や状況の説明等も含まれているため、③および④の項目が多くなるのは当然のことと言える。それを踏まえた上で、①怪異の身体、②怪異と交わる体験者の身体に注目していく。

まず、①怪異の身体で最も多かったのは「顔」三〇五件、次に「手」二八五件、「髪」一四九件、「頭」一二四件、「足」一一六件と続いた。②怪異と交わる体験者の身体では「首」四五件、「肩」四一件、「目」三五件、「手」三五件、「足」二九件であった。

身体部位ごとの分類は、①怪異の身体のデータ数が②怪異と交わる体験者の身体に比べて圧倒的に多いという集計結果となった。なお、安井は、怪異・妖怪に攻撃される人間の身体、すなわち、今回筆者が行った分類でいえば②怪異と交わる体験者の身体に当てはまる身体部位に注目して考察していた〔安井　二〇一四〕。怪異の身体について一つ目小僧などの妖怪を挙げながら述べている部分もあったが数は多くない。データ数の大小は定かではないが、安井が資料とした怪異・妖怪データベースでは①怪異の身体よりも②怪異と交わる体験者の身体の方が印象的な伝承が多かった可能性がある。その点で言えば、今回の調査で得られた結果は安井のものとは大きく異なるものとなったのではないだろうか。

次に五感ごとの集計結果を検討していく。五感ごとの分類では「視覚」七〇一件、「聴覚」三三七件、「嗅覚」一八件、「味覚」〇件、「触覚」一〇五件、「五感全て」二〇件、「五感なし」一一九件という結果になった〈表2〉。伊藤は味覚に訴える怪異の事例が少ないことを指摘していたが〔伊藤　二〇一八　二〇〕、筆者の調査からも同様の点を指摘できる。

最もデータ数が多かったのは視覚である。全九九〇話のうち七〇一話、つまり全体の約七〇％の怪異が何かし

表1　怪異の身体部位別にみる『新耳袋』の怪異

	身体部位	①怪異の身体	②怪異と交わる体験者の身体	③体験者・登場人物の身体の描写	④その他（熟語、慣用句など）	計
1	手	285	35	332	507	1159
2	目	104	35	583	270	992
3	顔	305	15	348	72	740
4	足	116	29	81	220	446
5	頭	124	15	159	86	384
6	口	40	1	70	176	287
7	首	82	45	125	31	283
8	背	34	17	94	55	200
9	髪	149	16	15	15	195
10	指	34	14	62	68	178
11	耳	5	24	48	54	131
12	肩	27	41	24	15	107
13	腕	69	9	16	12	106
14	腰	27	5	28	29	89
15	脇	2	3	3	66	74
16	毛・毛穴	36	2	12	20	70
17	腹	3	15	27	24	69
18	胸	6	13	27	15	61
19	鼻	22	3	12	19	56
20	肌・皮膚	8	1	2	20	31
21	脚	7	0	3	20	30
22	膝	9	1	16	2	28
23	足首	2	12	1	11	26
24	頬	3	7	11	4	25
25	尻	1	0	2	16	19
26	髭	14	0	1	1	16
27	おでこ・額	9	5	1	0	15
28	掌	10	0	0	2	12
29	歯	2	0	6	4	12
30	喉	3	0	7	1	11
31	唇	9	0	0	0	9
32	瞼	8	0	0	0	8
33	肘	4	1	2	1	8
34	手首	2	3	1	0	6
35	顎	2	4	0	0	6
36	胴	4	0	0	1	5
37	つま先	3	0	0	2	5
38	太腿	1	3	1	0	5
39	股	0	0	0	5	5
40	爪	2	0	0	2	4
41	眉	2	0	1	1	4
42	脇腹	0	3	1	0	4
43	舌	0	0	0	2	2
44	かかと	1	1	0	0	2
45	へそ	1	0	0	0	1
		1577	378	2122	1849	5926

らの形で「視認」されていた。また伊藤は聴覚によって捉えられる妖怪が多いと述べていたが、今回の調査結果では聴覚は二番目に多い項目となっているものの、該当する事例の最も多い視覚からはデータ数の差が大きく開いている。そして聴覚に続くのは「五感なし」で「触覚」を上回る結果となり、そのあとに「五感全て」と「嗅覚」が続いた。「触覚」のデータ数は全体の約一〇％に留まった。

視覚に訴える怪異が多いということは必然的にその怪異がどのような姿であるかが描かれることになる。したがって、右で述べたように身体部位ごとの分類において①怪異の身体のデータ数が多くなる。逆に触覚に訴える怪異が少ないということは怪異と体験者の身体が接触することが少ないということで、②怪異と交わる体験者の身体のデータ数が少ないことと結びつく。

筆者は当初、何らかの形で体験者の身体に触れる怪異が多くなるだろうと考えていたので、②怪異と交わる体験者の身体、また「触覚」の項目のデータ数が他の項目に比べて少ない結果となったことは予想外であった。

以上、本節では『新耳袋』から得られた集計結果を、身体部位ごと、五感ごとにまとめた。この結果を踏まえて次節では、それぞれの身体部位や五感に対する身体観について考察していく。

表2　五感別にみる『新耳袋』の怪異

五感	第一夜	第二夜	第三夜	第四夜	第五夜	第六夜	第七夜	第八夜	第九夜	第十夜	計
視覚	76	82	73	60	56	58	77	75	67	77	701
聴覚	34	35	45	33	30	36	25	31	33	35	337
嗅覚	1	4	4	1	2	1	0	2	1	2	18
味覚	0	0	0	0	0	0	0	0	0	0	0
触覚	10	15	9	12	2	10	14	13	9	11	105
全て	3	3	0	3	1	3	1	2	2	2	20
なし	8	7	7	17	14	16	11	10	18	11	119
計	132	146	138	126	105	124	128	133	130	138	1300

三、怪異譚にみる身体観

(1) 怪異の身体

ここからは前節の成果のうち、データの数量が上位となった五つの身体部位について、踏み込んで検討を加える。まず、①怪異の身体で最もデータ数の多かったのは「顔」であり、三〇五件の事例が該当した。「顔」については、圧倒的に人間の顔を持つ怪異が多かったことが特徴として挙げられる。怪異の「顔」が体験者の前に現れるとき、「顔だけが現れる場合」と「人間の姿をした怪異が現れ、その顔に注目している場合」の二つのパターンに分けられる。

一つ目の「顔だけの怪異が現れる場合」は、本来なら体と接続しているはずである顔が体を離れ、それだけで存在しているという異常さが恐怖感に結びついているだろう。たとえ、それが目鼻口のどの部位も欠けていない普通の人間の顔であったとしても、顔だけであるというのみで十分に異常な状態であるといえる。

第二夜の第十話「お盆のお菓子」は、ある夫婦が露店でお盆用のお菓子を選んでいたところ、夫の顔色が青ざめ、早々に車へと戻ってしまう。買い物を終えた妻が後から夫に事情を尋ねると、そのお菓子を売っている露店の上を、たくさんの白い人の顔がふわふわと飛んでいて、「いーなぁ、いーなぁ」「ほしいなぁー、ほしいなぁー」とお菓子をのぞき込んでいたといった内容の話である〔木原・中山　二〇〇二b　四五~四六〕。

この話における怪異はたくさんの白い人の顔である。その顔がどのような状態かについては書かれていないが、人の顔がふわふわと宙に浮いていること自体が普通ではありえないことであり、体験者が恐怖を感じる原因となっている。顔だけの怪異は本来ついているはずの胴体が無いがゆえに身軽であるということだろうか、宙に浮いたり、非常に高いところに現れたりすることで体験者たちを驚かしている。また写真や映像に写りこむ怪異も人の顔が多かった。

次の「人間の姿をした怪異が現れ、その顔に注目している場合」では、その顔の部位が欠損しているなど普通の人間とは異なる状態にあることがある。今回集計したデータには「〇〇がない」という身体部位の欠損表現も含めている。その中には「顔がない」三件のほか、顔に関わる身体部位として、「目がない」四件、「鼻がない」七件、「口がない」六件となっている。

第八夜第五話「同じ傷」には、人の姿をした目鼻口のない怪異が登場する。ある四人家族が北陸の旅館に出かけ、夜になって寝ようとしたところ、泊っている部屋の壁であったはずの場所に全く同じ部屋が現れる。気になった父親が壁の向こう側の部屋に入ってみると、四組の布団が敷いてあり、こちらに背を向けた自分たちが寝ている。その顔を覗き込んでみると目も鼻も口も何もなかった。父親は呆然とし、その顔を蹴っ飛ばしたところ足がかかとまで呑み込まれた。気づくと布団の中で朝を迎えており、家族全員の額に同じ傷ができていたという内容である〔木原・中山　二〇〇六　二四～二七〕。

明らかにそれまでなかったはずの部屋が現れ、もう一人の自分たちが寝ているという時点で十分に異常な事態が起こっているが、この話において体験者が恐怖を感じるのはその顔を覗きこみ、顔に何もないことを確認したときである。その顔の異常さを目にするまで体験者は恐怖ではなく好奇心さえ抱いている。この話では顔という身体部位が、人であるか怪異であるかを判断する基準となっている。

顔という身体部位は、人が人を認識するときに一番初めに見る部位であると思われ、人であることを証明する役割を持つ重要な身体部位であると考える。人の姿をした怪異を人ならざるものとして説明するために、「顔」という身体部位に真っ先に目が向けられ、語られる。その顔という身体部位、または目鼻口などの顔の部位に異常が生じていると普通の生きた人間ではない、またはこの世のものではないという認識が生まれるのではないだろうか。

そして『新耳袋』では「なんとなく顔の印象がない」また「後から顔を思い出せない」など、怪異の顔が体験者の記憶に残っていないという場合もある。怪異の顔は欠損などの大きな特徴が無いときには逆に記憶から抜け落ちてしまう部位でもあるらしい。そうすることで、確かに目撃したはずなのにはっきりと思い出せないといった宙ぶらりんの感覚、伊藤や飯倉が述べたような怪談実話・実話怪談の未成感や不安感が生まれるのだと考える。

数量的に、「顔」に続いて多数を占めたのは「手」であった。手のデータ数全二八五件のうち、手だけの怪異は「掌・てのひら」を含め全体で一一六件あった。

「手」の項目で特徴的であったのが、車にまつわる話で人間の手の形をした怪異がよく現れるということである。第一夜第三章「車や路上に出るものの十三の話」では、手のみ、または掌の怪異のデータ数が一六件あった。特に多く見られるのが、車の窓に手がはりついている、また手の怪異に遭遇した後に車体に手の跡が残されているというパターンである。

第一夜第十九話「トンネルの中にいるもの　その一」では、体験者が兄とその彼女の三人でいわくつきのトンネルへ車で入った瞬間に、どんという衝撃が車の中を走り、車の窓ガラスを無数の手が叩いてはりついてくるという内容である。家に着いた後、車には手のあとがべたべたとついていたという〔木原・中山　二〇〇二a　六四〜六六〕。また同じく第一夜第二十一話「トンネルの中の8ミリ・フィルム」では自動車ではなく、電車の窓に掌がはりついている〔木原・中山　二〇〇二a　七〇～七三〕。

手の怪異が車のある空間に現れ、車体に跡を残すのは、手が他の身体部位に比べて特徴的な形をしているからではないだろうか。まず人間の身体部位で跡をつけた場合に、一目で認識できるのは手と足くらいであろう。『新耳袋』では、車に足の跡がつけられていたという体験談は収録されていなかった。それは、私たちがなにかを手で触って確かめたり、働きかけるからである。日常においても、車を手で触ることはあっても足で触ることはあまりない。手は怪異が車体や窓などの物体を通して、体験者の視覚に働きかけたいときに非常に有効な身体部位であると言える。

他にも、車と手にまつわる怪異として、第六夜第十三話「黒い川」、第三夜第三十三話「幽霊トンネル」がある。いずれも体験者が車を運転していると、車の床から手が生えてきて足首や足を摑まれるという内容である〔木原・中山　二〇〇三a　九一～九三、木原・中山　二〇〇四b　四八～五〇〕。これらの話では先ほど取り上げた体験談とは異なり、車の中に手の怪異が現れている。手は他の身体部位と比較すると、「撫でる」・「叩く」・「摑む」など多くの機能を持っており、自在に動かすことが可能な部位である。そのため車という狭い空間でも自由に動き、体験者の身体を攻撃することができるのだろう。そして手だけの怪異にかぎらず、怪異の手はこの動作が自在であるという特徴を生かし、体験者の身体と接触するための重要なツールになっているのである。

続いて、怪異の「髪」について考えていく。『新耳袋』における「髪」は大きく二つに分けることができる。一つは老人の白髪、もう一つは女の長く黒い髪であり、特に後者が多い。女の姿をした怪異の説明には「黒い髪」や「長い髪」といった表現がよく含まれており、髪について説明がなされている怪異で、黒髪・長髪ではない女の怪異は子供や人形の怪異と第五夜第四十六話、第四十八話、第四十九話、第八夜第一話、第二話、第九夜第七十話の六話を除いて出てこない。(3) また黒髪ではない女の怪異は、白髪の老婆、第八夜第四十八話の性別に言及されていない怪異、第九夜第五十八話に出てくるプラチナブロンドの人形以外に出てこなかった。

髪は怪異の性別や年齢を体験者や読者が識別する際の指標として機能していると言える。または、典型的な女性の表象、老人の表象に動員されているともいえるかもしれないし、現代人が思い描く幽霊のイメージとも強く結びついているようである。現代人は幽霊について、痩せ形の美女、ストレートの髪、白っぽい服装という記号化されたイメージを持っているといい〔高岡 二〇一六 三~四〕、加えて黒髪で描かれることも特徴であると考える。例えば、第二夜第十八話「見えた人、見えなかった人」に出てくる女の怪異は、白い着物姿に、恐ろしく長い二本の腕、長い黒髪という容姿の説明がなされている〔木原・中山 二〇〇二b 六一~六二〕。そして同じく第二夜第二十五話「重い頭」でも長い髪をだらりとたらした白い着物を着た女が登場する〔木原・中山 二〇〇二b 八〇~八二〕。これらの怪異は先ほど述べた幽霊のイメージと非常に近い容姿を持っている。また第二夜第三十一話「お初天神の幽霊」では、髪の長い、目鼻立ちの整った色白美人で、服装は日によって変化するが必ず和装である女の怪異が現れる〔木原・中山 二〇〇二b 九三~九五〕。このように『新耳袋』では女の怪異が美人であることに言及されている事例もいくつかみられた。そして太っている女の怪異が出てくることは無かった。

これらの『新耳袋』に登場する女の怪異のビジュアルは、現代人の幽霊のイメージに影響されていると言える。しかし、第二夜第十五話「ファインダー」に出てくる怪異は、髪の長い痩せた女であるが、緑色の服を身に付けており〔木原・中山 二〇〇二b 五五〕、これまで述べてきた幽霊のイメージとは少々異なる。そして長く黒い髪ではなくショートカットの女の怪異もわずかであるが六件みられた。ショートカットの女の怪異は共通して和装をしておらず、幽霊のイメージからは外れている。現代怪異譚において、女性の怪異の容姿は従来の幽霊の影響を受けながらも、記号化されたイメージから解放されつつあるとも言えるかもしれない。

次に怪異の「頭」であるが、『新耳袋』では、首から上の部分全体を「頭」と表現している場合が多かった。「首」も同じように首から上全体を表現するときに使用されていたが、「頭」という言葉を用いて説明される怪異には胴体がついていることが多い。『新耳袋』では「頭だけ」の怪異も収録されていたが、全体で三件と少なく、それ以外は胴体を持っている怪異であった。怪異の頭は胴体から切り離されたとき、「首」という認識、表現に変わるようである。

頭は、人間の身体において中枢を担い、人であるか否かを判断する基準となる顔がついている非常に重要な身体部位である。そのため顔同様に最初に目が向けられる身体部位であり、また相手が遠くにいたり、暗くて顔がよく見えない場所では、頭自体が顔に代わって人であるか否かを判断する基準になるようである。『新耳袋』では、まず現れた怪異に頭があるかどうかを確認し、頭があればそれがどのようであるかを説明する場合が多い。ただ「頭がない」怪異は二件であり、それ以外の怪異は頭を持っていた。

頭に異常がある怪異としては、第三夜第四十六話「あたま」〔木原・中山　二〇〇三a　一二八〜一二九〕と第四十七話「重うてかなわん」〔木原・中山　二〇〇三a　一三〇〜一三一〕で現れる、異様に頭が大きい幼児の怪異のように、誇張された容姿を持つものや、第一夜第九十四話「牛の顔をした女」〔木原・中山　二〇〇二a　二七三〜二七五〕、第九十五話「甲山の牛女」〔木原・中山　二〇〇二a　二七六〜二七七〕の牛の顔を持つ女など、異形の頭を持つ怪異が八件ほど登場したが、該当事例は少ない。それ以外のほとんどの場合が「坊主頭」「おかっぱ頭」など髪型の説明や、「頭を下げる」など動作の説明のために言及されていた。「頭」は他の部位と比較すると欠損などの異常が少なく、怪異の身体における「顔」や「目」「鼻」「口」などに起こる異常の前提として言及されるといえよう。

最後に怪異の「足」について考えていく。足は歩く、走るなど、移動の面において役割を果たす身体部位である。しかし、怪異の足には、そのような役割はあまり期待されていないようである。

「足」の項目に当てはまるものとして、顔や手のように、足だけの怪異も二六件見出せた。顔や手だけの怪異は、胴体のある怪異よりも身軽で、自由に動いていたのが特徴であったが、足の場合は他の部位に比べると静的なものが多い。その例として、第六夜第五十一話「こたつ その一」は、体験者の母親が掘りごたつに足を入れると、自分の足がたくさんの足に触るという怪異である〔木原・中山 二〇〇四b 一五一〕。また第五夜第十九話「鴨居」では、体験者が自分の部屋で寝ていると、暗闇の中にハンガーにかかった浴衣が浮かんでおり、その浴衣から足だけが生えているという怪異が現れる〔木原・中山 二〇〇四a 六三〜六四〕。これらの足だけの怪異はそこにあるというだけで、体験者に接触したり攻撃を仕掛けたりすることはなかった。

このような足だけの怪異とは逆に、足の無い怪異が活発に動いている事例もある。『新耳袋』において、足が見えない、または足が無い怪異は八件みられた。そのうちのひとつである第六夜第二十話「捜し物」は、体験者が林間学校で止まった施設の部屋で消灯時間を過ぎた頃に、真っ白い着物を着た白髪頭で額に白い三角をつけた足の無い老人が現れて、何かを探しているという怪異の体験談である〔木原・中山 二〇〇四b 七三〜七四〕。この老人の怪異は足が無くても自由に動き回っている。

また第二夜第二十三話「下駄の音」では、体験者の家の裏庭を、赤い着物を着た首のない女の子が提灯を持って、からんころんと下駄の足音を立てながら通り過ぎていくという怪異が現れるが、この女の子は暗闇にまぎれてはっきりと見えなかったという。体験者はこの怪異について「幽霊に足がないというのは、ああいう状態のことなんでしょうか?」と述べている〔木原・中山　二〇〇二b　七五～七六〕。

先ほど「髪」の項目で述べた幽霊のイメージには、足元がぼんやり霞んで見えないという特徴があり〔高岡　二〇一六　四〕、これらの怪異はそのような典型的な幽霊のイメージに当てはまる。足がないということは地面に足がついておらず、浮遊した状態であるということである。怪異にとってはこのような状態のほうが、むしろスムーズに移動が可能であるのかもしれない。怪異の足は人間の足が持つ機能や役割から離れて、独自の身体観が現れている身体部位であると言える。

ここまで、怪異の身体から見出すことのできる身体観について、各部位ごとに検討した。次項からは、②怪異と交わる体験者の身体について考察を進めていく。

(2) 怪異と交わる体験者の身体

はじめに各身体部位と怪異の行為の関係性を整理する。最もデータ数の多かった「首」には、「巻き付く」、「絞める」というかたちで怪異が働きかけている。『新耳袋』において、怪異が体験者の首に巻き付く事例は一五件、首を絞める事例は二二件みられた。「肩」は「摑む」二件、「叩く」八件、「揺さぶる」六件、「乗る」七件と、他の身体部位に比べると多様にアプローチされている。「目」は直接攻撃を受けることはなく、怪異と「目が合う」というものが顕著である。事例数としては、「目が合う」という直接的な表現に加えて、身体部位を意味するワードを伴わないが同義と考えらえる「視線が合う」という表現も含めて、四三件みられた。(4)「手」は怪異に「触れる」、時には怪異に「摑まれる」。怪異に触れる事例は二〇件、怪異に手を「摑まれる」事例は五件であった。最後に、「足」は「手」と同様に、怪異に「触れる」、または「摑まれる」。「手」と接触の方法は共通していたものの、「足」については、触れられる事例が二件、摑まれる事例が一八件であり、「足」は「手」よりも「摑まれる」場合が多かった。該当事例は少ないが、怪異を「踏む」事例も二件みられた。

まず怪異に巻き付かれ、絞められる「首」について考察していく。怪異が首を絞めるという行為には明らかに攻撃の意志が感じられる。体験者にとって「死」に直結する致命的な行為である。②怪異と交わる体験者の身体として、数量的に「首」に続くのは、「肩」「目」「手」「足」であったが、仮に「肩」「手」「足」を怪異に摑まれたとしても、体験者がその行為によって死に至ることはないだろう。その意味で、「首」への働きかけは、唯一、直接的な死の恐怖を体験者に与えるものであるといえる。

第一夜第四十二話「あっ、そうか」では、旅館に滞在し、布団で寝ていた体験者の胸の上に突然何者かが乗り、体験者の首を絞めてくる。危機を感じた体験者が怪異に向かって「おまえ、死んだんやろ。死んだ者が生きてるものにそんなことしてえのか!」と叫ぶと、首を絞めていた力が弱まり、「あっ、そうか……」という声が聞こえたのちに重みと気配も消えたという話で、体験者は結局それが何者であったのかいっさい知らないままだという〔木原・中山　二〇〇二a　一二三~一二四〕。体験者は怪異に何の心当たりもなく、滞在していた旅館に縁もゆかりもない。そのような理不尽さが、この事例の不気味さを際立たせている。人間の首は最も怪異の攻撃の対象となりやすく、「死」を強く意識させる身体部位であると言えるだろう。

「首」の次にデータ数が多かったのは「肩」である。肩は先ほども述べたように余程のダメージを与えられない限り、死に直結するような身体部位ではない。本項の冒頭でもまとめたように、肩を摑む、叩く場合は合わせて一〇件あった。これらは人間同士のコミュニケーションとして日常の中でも行われる行為である。相手に用があるとき、話しかけたいとき、こちらの存在に気づいてもらいたいときなど、私たちはごく自然に他者の肩を摑んだり叩いたりする。またその強さはそのときの心境によって変化する。怪異が体験者側に自らの存在を知らしめたいとき、または何かを伝えたいときに、肩に対して何らかのアプローチをしているようである。

続いて六件の該当事例があった怪異が体験者の肩を揺する話として、第八夜第六十九話「約束」がある。この事例は、体験者のおじの部屋で、毎日決まった時間に「カズノリさん」と呼ぶ女の声がする。その声に対して返事するのを忘れて寝ていたところ、肩を激しく揺すられ目を覚ます。そして気づくと部屋に異形の女が立っているという内容である〔木原・中山　二〇〇六　一八七〜一九〇〕。この怪異は寝ている体験者の目を覚まさせるほど強く揺さぶっている。人間同士のコミュニケーションにおいても、肩を揺するという行為は、この話のように寝ている相手を起こしたいとき、ぼうっとしている相手の意識をはっきりさせたいときなど、強く相手に働きかける効果があると考える。肩を摑む・叩くという行為に比べると、より強く体験者に何かを訴えかけ、自らの存在を気付かせたい者として、怪異は語られている。

怪異が肩に乗る場合は摑む・叩く・揺する場合とは違い、肩に怪異を乗せている当事者はそれに気づいていない場合が多く、体験者（話者）はあくまでも誰かの肩に怪異が乗っている状況を目撃したという立場として語っている。

ここでは第三夜第二十七話「墓地の道」、第六夜第六十三話「おんぶ」を例として取り上げる。「墓地の道」は体験者が真夜中にコンビニに行こうと墓地の中を通ったところ、墓石に向かって呪文を唱えているサラリーマン風の男がおり、その男の肩には全身真っ赤な子どもが乗っており、肘には全身緑の子どもがつかまっていたという内容であった〔木原・中山　二〇〇三a　八〇〕。そして「おんぶ」は体験者が仕事帰りの道すがら、向こうから歩いてきた老婆の肩から二本の腕、腰から二本の足が出ており、子どもをおんぶしているのだと思って、そのまま老婆とすれ違うと、背中には子どもはおらず二本の腕と足が肩と腰にあるだけだったという内容である〔木原・中山　二〇〇四b　一七六〕。この話では、肩に子どもの腕を乗せている当事者である老婆は怪異の存在に気づいていない。摑まれたり、叩かれたりする場合とは違い、怪異が肩に乗っている場合はそのことを認知されない模様である。

肩という身体部位は「肩に担ぐ」という言葉があるように、物を乗せて運ぶ役割を持っている。また「肩車」など実際に人を乗せることもある身体部位である。肩に関わる怪異はこのような肩の役割を反映したものであると言えるだろう。安井は、肩は悪霊が乗り移る身体部位であると述べており〔安井　二〇一四　二二四〕、狸が肩に乗り目隠しをすることが原因で現れるとされる「タカニュウドウ」という妖怪の伝承を事例として挙げていた。「タカニュウドウ」のように名前をつけられてはいないが、『新耳袋』においても、怪異が人間の肩に乗るという発想は見いだせた。人々が持つ肩に対する身体観は現代にも受け継がれているのかもしれない。

次に「目」についてであるが、先述のように、『新耳袋』において怪異が体験者の目を潰す、また痛みを感じさせるような攻撃を仕掛けることはなかった。怪異と体験者は「目が合う」のみである。「アイコンタクト」という言葉があるように、目はものを見るだけではなくコミュニケーションの機能をも持つ。特に言葉を発さない怪異にとって、目は重要なコミュニケーションツールとしての役割を果たしている。安井は目について、睨みをきかすなど能動的で攻撃的な部位であると述べているが〔安井　二〇一四　二一二〕、それも目が対峙する相手とのコミュニケーションの役割を担うからこその特徴であると言える。

体験者が「一方的に怪異を見る」のと、怪異も体験者を見ており「双方向的に視線が交わる」のとでは、後者の方が体験者の緊張が増すように思われる。すなわち、こちらが視認されていることを意味するからである。例えば、第二夜第十一話「鳥居の上の怪」では、体験者が秋祭りで訪れた神社の鳥居の上に現れた女の首と視線が合う。最初、女の首は目を閉じた状態であり、その目をカッと開いて体験者を見ることで体験者は女から目を離すことができなくなっている。その後、女の首は体験者を嘲笑するように見つめたまま、鳥居の上を平行移動する〔木原・中山　二〇〇二b　四七～四八〕。この体験談では怪異の力のせいか、体験者自身の体感かは描かれていないが、女の首と目が合うことで、まわりの音が聞こえなくなるほど体験者の意識がそこに集中している。安井が述べたように、目は能動的で攻撃的な部位であるが、睨みをきかすことができるのは人間だけではなく、怪異側も同様であるらしい。そして怪異と目が合っている状態は、怪異と直接触れあっているよりも強く怪異の影響下にあるとも言えるだろう。

次に「目」と同じデータ数であった「手」について考えていく。冒頭で、手は怪異に触れる事例が二〇件、摑まれる事例が五件と述べた。『新耳袋』では、手は働きかけられるものであるよりは、何らかの形で怪異に触れてしまう部位ということになる。①怪異の身体としての「手」の考察でも述べたように、手は自在に動かすことが可能な身体部位である。そしてものを触って確かめるという重要な役割を担っている。第二夜第八十八話「腐った首」では、部屋に現れた、ひどい異臭を放つどろどろに腐った首を、体験者が両手で摑み壁に投げつけたという〔木原・中山　二〇〇二b　二三七～二三八〕。このように体験者が自ら手を使って怪異に触れようとする体験談もあり、手は怪異と接触する上でも重要なツールとなっている。そしてこの体験者は、腐った首を摑んだことで、手がズブズブと肉にめり込み、堅い頭蓋骨を摑んだ感触を細かに感じ取っている。このような描写からは、他の身体部位に怪異が触れるよりもさらに敏感に、怪異を感じ取る部位として手は想像されていると言える。

安井は手について、「妖怪に攻撃されたり、あるいはそれを察知してかわしたり、また妖怪との交渉を行ったりするのに秀でた身体部位とも言える」〔安井　二〇一四　二一〇〕と述べていたが、『新耳袋』における手も同様の特徴が見受けられる。そして該当事例こそ多くはなかったが、自在にそして能動的に動く部位だからこそ、怪異は体験者の手を摑んで自由を奪おうとするのかもしれない。

最後に「足」についてだが、足や足首を怪異に摑まれる事例一八件のうち、二件は跡が残るほど強く怪異に摑まれていた。第五夜第四十五話「砂手」では、体験者が友人と遊びに行った砂洲で、左足を砂でできた手に摑まれ、地中に引きずり込まれそうになるといった話で、彼の足首にはくっきりと手で摑んだ赤い跡が残っていたという〔木原・中山　二〇〇四a　一二七〜一二八〕。

足は怪異の身体の項目でも述べたように、歩く・走るといった、移動の面で重要な役割を持っている身体部位である。この話では、砂の手に足を摑まれた体験者はその場から動くことができず、友人らが引っ張り上げてくれなければ、そのまま砂の中に引きずり込まれていたかもしれない。足を摑むという行為は、手を摑む行為と同じく自由を奪うものである。しかし足は手よりも自由が効かない上に、怪異に足を摑まれた場合、体験者はその場から逃げる、立ち去るという行動がとれなくなってしまう。そのため、手を摑まれるよりも深刻な被害を体験者にもたらす可能性がある身体部位だと言える。

一方で、足は蹴るという方法で怪異を撃退できる身体部位でもある。第六夜第五十二話「こたつ　その二」では、体験者がこたつに足と身体に加えて、両手も入れたところ、何者かに手首を摑まれ、引っ張られた。体験者はあわてて足でその手を蹴り飛ばしたのである〔木原・中山　二〇〇四b　一五二〕。足は、強烈な一撃を怪異に与えることができる部位であるともいえる。

三柴は足が人間の霊的な急所であり、魂の出入り口となっているため、不遇の霊が寄り付きやすいことを指摘していた〔三柴　二〇一二　五〇〕。しかし『新耳袋』では、怪異に足を触られたり、摑まれたりすることはあっても、魂の出入り口となっている事例はなかった。これは足以外にも言えることであるが、『新耳袋』において怪異に狙われる身体部位は、霊的な急所などといった宗教的身体観として理解すべきものではなく、人間の日常における身体の機能やコミュニケーションのあり方を反映したものが多かった。

ここまで②怪異と交わる体験者の身体でデータ数の多かった身体部位についてまとめてきた。怪異と交わる体験者の身体で、「目」以外の身体部位に対する「首を絞める」「肩を摑む、叩く、揺する」「手、足を摑む」というアプローチは、どれも手の機能に当てはまる行為であり、怪異の身体の項目で「手」のデータ数が多いことと結びついていると言える。

しかしデータ数が上位とはいえ、①怪異の身体と比較すると、②怪異と交わる体験者の身体のデータ数は圧倒的に少ない。『新耳袋』シリーズは「体験者の身体が怪異とどこでどのように接触するか」よりも、「怪異側の身体がどのようであるか」ということに注目して語られた怪異譚を豊かにおさめているといえる。

次節では続いて五感ごとの分類について考察していく。五感については、本節とは異なり人間側の視点が主となるため、怪異と体験者との関わりをより詳細に検討することになる。

四、五感と怪異

（1）優位な感覚としての視覚と気配

本章の調査結果からは、五感の中でも特に視覚が人々にとって非常に重要な感覚であることがわかる。視覚に対して聴覚・触覚に訴える怪異は少ない。

第一夜から第五夜には必ず「狐狸妖怪に出会った話」という章が差し込まれている。この章に共通していることは屋外の体験談であるということである。作者は第五夜の同章において「年々取材で出会う数が減少していく」と述べており〔木原・中山　二〇〇四a　一一四〕、さらに第六夜では章題が「妖にまつわる九つの話」と変化し、それ以降の巻においては「狐狸妖怪」「妖」をテーマに据えた章がなくなっていった。

先行研究では、夜間の行路や山中の暗闇で視覚が奪われる状況で現れ、人の身体に攻撃する怪異の伝承を取り上げていた。しかし現代の都市社会においては夜であっても街灯によって道は明るく照らされ、怪異が潜める暗がりのような場所、状況は、以前よりも少なくなっているのではないだろうか。そのようななか、人間の視界が奪われる状況で聴覚や触覚に訴えかける怪異の数が少なくなることも納得ができる。

もっとも、屋外の暗闇が減ったとはいえ、人々の生活から暗闇がなくなったわけではない。『新耳袋』においては、暗闇は屋内にこそ存在しているという印象を受ける。誰もいない建物の中や、電灯を消した家の中で怪異を察知する場合は四二件あった。このような状況で、人々は「路傍の怪」と同様に、聴覚で怪異を感じ取る場合が一七件あった。それに加え、何者かの気配を察知することで怪異を感じている事例も四件あった。気配を感じるのは必ずしも暗闇だけではない。どのような状況においてもまず何者かの気配を察知し、そこから視覚や聴覚さらには触覚で怪異を感知するというパターンが『新耳袋』においては七三件見出せた。怪異の気配は様々な形で察知される。「足音が聞こえる」、「息づかいが聞こえる」など聴覚で察知する場合もあるが、「イメージが浮かぶ」「誰かがのぞくような気がする」「悪寒がする」「毛が逆立つ」と、五感だけでは説明できないような表現がとられる場合もあった。しかし、これらの言葉で気配を察知している事例はごくわずかであり、ほとんどの場合が「気配がする」という言葉だけで説明されている。現代人が怪異とどのように接触し得ると想像しているかを考える上で、五感に加えて「気配」は考慮すべき感覚であるといえる。

屋内での暗闇という点で、『新耳袋』の全話を読み込んでいくなかで非常に多かったのが、夜に寝ている最中に何かの気配や物音で目を覚ますと、何らかの怪異が起こるという状況であり、全体で八四件あった。この場合、体験者の身体は自由に動く場合と、金縛りのような硬直状態である場合の大きく二パターンに分けられる。後者の金縛りのような状態は一五件で、数量的にそれほど多くはなかった。

安井は睡眠中に悪霊の出入り口になる身体部位として鼻孔を取り上げていた〔安井　二〇一四　二一七〕。しかし、『新耳袋』では体験者が睡眠中に起こる怪異は少なく、もちろん鼻孔を出入り口にするような怪異もみられなかった。稀に睡眠中に怪異が起こっている場合があったが、それでも体験者は夢の中で怪異の姿を見ていたり、音や声を聴いたり、怪異と接触していた。『新耳袋』において夢で怪異を体験する話は一九件あり、夢の中で怪異と身体が接触していたり、五感で捉えている場合もデータとして集計している。鼻孔が登場することはないものの、睡眠中の身体が無防備で不思議な出来事が起こりやすい、怪異に身体が狙われやすいという認識は、安井が分析した過去の事例と共通していると言える。

しかし『新耳袋』の体験者たちはたとえ睡眠中であったとしても暗闇の中の怪異を自らの五感で、その中でも特に視覚で捉えようとしていた。暗闇の中でも視覚で察知されている怪異は一八件あり、聴覚で察知されている怪異を上回る結果となった。怪異側も寝ている人間に気づかれないように働きかけるのではなく、気配や音を感知させ、そしてその姿を現すことで、自らの存在を体験者たちに知らしめようとするのである。

いずれにしても、「視覚優位」の時代は〔川島　一九九九　二六一〕、現代の怪異の特徴として反映されていると言える。

（2）姿を消す狐狸妖怪

次に「五感全て」に分類した、空間そのものに作用する怪異について考えていく。これらの怪異は、姿が見えなくともその原因を狐や狸などの動物であると解釈されている場合があり、伊藤は目的地にたどり着けなくなるなど空間に作用する怪異の原因を動物に求めることを「解釈装置としての狐狸狢」と表現していた〔伊藤　二〇一八　一二三〕。しかし、先述のように、巻を追うごとに「狐狸妖怪に出会った話」は少なくなり、そのような怪異が起こったとしても、ただの不思議な出来事として、特に原因を求められないものが多数となった〔表3〕。

伊藤は妖怪体験に対する解釈にはレベルがあると述べている〔伊藤　二〇一八　一二三〕。第一レベルは、妖怪体験をした本人の解釈、第二レベルは体験者の周辺にいた人物の解釈、第三レベルは少し時間が経ったのちに、体験者から話を聞いた人物の解釈、第四レベルは体験者の周囲にいた人から話を聞いた人物の解釈であり、その後も第五、第六……と続いていく〔伊藤　二〇一八　一三三～一三四〕。『新耳袋』において、怪異の体験者である語り手は第一レベル、またはその語り手が他人の体験談を語っていれば第二レベルに該当する。そして体験者たちから話を聞き、書き手となっている木原と中山は第三または第四レベルに位置すると言えよう。

これを踏まえて、『新耳袋』における、狐狸妖怪にまつわる話の解釈について考えていく。表3において「解釈装置としての狐狸妖怪」として分類したものは、各巻において、語り手自身がその怪異の原因を何かしらの動物や妖怪に求めていた話である。それに対して「その他」に分類したものは、狐狸妖怪が姿を現すことがなく、語り手も解釈装置としての狐狸妖怪に言及していない話である。一例として、第一夜第六十一話「お地蔵さんのある風景」と第六夜第七十六話「りんご園」を取り上げる。

「お地蔵さんのある風景」は、体験者が友人と三人で夏休みにサイクリングをしたときに、延々と続く一本道で何度も同じお地蔵さんの前を通るという内容であり、最後に体験者が「キツネにだまされるとはこういうことらしい」と言ったと書かれている〔木原・中山　二〇〇二a　一八四〜一八七〕。一方、「りんご園」では、体験者の母の眼病平癒祈願のために、母と二人で観音様へお参りに行く一本道を歩いていると、何度も見たことのないりんご園に出てしまい、なかなか観音様に辿り着けないといった内容である〔木原・中山　二〇〇四b　二〇六〜二〇七〕。こちらは「お地蔵さんのある風景」とは異なり、特に原因について言及されていないものの、第六夜第六章「妖にまつわる九つの話」として収録されていた。つまり「りんご園」については、第一、第二レベルではなく、第三、第四レベルで「解釈装置としての狐狸妖怪」の話へと転じた可能性がある。伊藤は、妖怪体験についての解釈は繰り返され、聞き手や、その場その場の雰囲気によって変わっていくと述べている〔伊藤二〇一八　一三五〕。体験談の聞き手であった木原・中山が無意識のうちに狐狸妖怪を解釈装置として参照した可能性もあり得るのである。しかし、表3からは、もともと「その他」の項目は該当事例が少なく、巻を追うごとに無くなっていることがわかる。先ほど例示した空間に作用する怪異が完全にな

表3　各巻ごとの狐狸妖怪にまつわる話の内訳

	妖怪・動物以外の怪異	動物の姿をした怪異	解釈装置としての狐狸妖怪	その他	計
第一夜	4	1	5	2	12
第二夜	6	0	1	2	9
第三夜	10	3	0	0	13
第四夜	6	2	2	0	10
第五夜	6	0	0	0	6
第六夜	6	0	2	1	9
第七夜	1	6	1	0	8
第八夜	1	0	1	0	2
第九夜	0	0	1	0	1
第十夜	0	1	4	0	5
計	40	13	17	5	75

くなったわけではないが、そもそも第七夜以降からは「狐狸妖怪を見たという話」「妖にまつわる話」という章が設けられなくなった。木原と中山は、このような狐狸妖怪にまつわる話が減少していることを危惧していたが、それは語り手のレベルだけではなく、聞き手のレベルでも、「解釈装置としての狐狸狢」が機能しなくなっているからであるとも言えるのではないだろうか。

以上を整理する。ここまで『新耳袋』の分析を通して見えてきた身体観や五感のあり方を検討してきた。『新耳袋』において語られる怪異の体験は、体験者の視覚を通して行われるものが多く、したがって、「体験者の身体」よりも「怪異の身体」に焦点が当てられている点に特徴があると言える。また、五感だけでは説明することのできない、気配によって怪異を察知しているケースも目を引いた。

以上を踏まえ、現代の怪異譚の性格や特徴をより明確にするために、次節では『新耳袋』とは異なる性質を持つ、もうひとつの現代の怪異譚を取り上げる。

五、『新耳袋　現代百物語』と『山怪　山人が語る不思議な話』

(1)『山怪』の概要と集計結果

本節では『新耳袋』との比較対象として『山怪　山人が語る不思議な話』[5]（以下『山怪』）を取り上げる。『山怪』は写真家・作家として活動する田中康弘が山関係・狩猟関係の現場を四半世紀以上にわたって歩く中で得られた不思議な話二〇五話を全三巻にまとめた怪異譚である。『山怪』の大きな特徴は山や森、その周辺に位置する集落が舞台の話のみが収録されており、語り手も狩猟関係者や集落の住民が中心となっている点である。この点は、

表4　身体部位別にみる『山怪』の怪異

身体部位	①怪異の身体	②怪異と交わる体験者の身体	③体験者・登場人物の身体の描写	④その他（熟語、慣用句など）	計
目	5	0	135	152	292
手	18	3	69	164	254
足	5	1	33	148	187
顔	18	0	54	32	104
頭	13	2	31	37	83
口	6	0	13	62	81
首	14	2	10	17	43
背	1	6	11	21	39
耳	0	0	26	3	29
指	0	0	5	21	26
腰	0	1	14	8	23
毛・毛穴	1	0	2	16	19
髪	4	0	7	6	17
腹	1	1	8	6	16
腕	0	1	8	4	13
尻	10	0	0	3	13
胸	0	0	2	10	12
肌・皮膚	0	0	0	12	12
掌	1	0	1	5	7
鼻	0	0	2	5	7
股	0	0	0	7	7
肩	1	3	2	0	6
胴	5	0	1	0	6
頬	1	0	0	5	6
脇	0	0	0	5	5
歯	2	0	1	2	5
爪	0	0	3	1	4
舌	3	0	0	0	3
膝	0	0	1	1	2
顎	0	0	0	2	2
足首	0	0	1	0	1
おでこ・額	0	0	0	1	1
喉	0	0	0	1	1
太腿	0	0	1	0	1
髭	0	0	0	0	0
脚	0	0	0	0	0
唇	0	0	0	0	0
肘	0	0	0	0	0
つま先	0	0	0	0	0
かかと	0	0	0	0	0
手首	0	0	0	0	0
眉	0	0	0	0	0
脇腹	0	0	0	0	0
瞼	0	0	0	0	0
	109	20	441	757	1327

多種多様な語り手、舞台の怪談が収録されている『新耳袋』とは大きく異なっている。この『山怪』と『新耳袋』の怪異と、怪異との接触のあり方の比較を通して、『新耳袋』に収録される怪異譚の性格を、より明確にすることが可能であろう。

田中は同書収録の話について、起承転結がはっきりとある訳ではなく、宗教的または道徳的戒めを含む要素も皆無であり、つまり因果応報的な話ではないと述べている〔田中　二〇一九　一〇〕。この点は、伊藤が指摘する実話怪談の特徴と一致しており、『新耳袋』と同ジャンルに属するものと言えるだろう。

また、『山怪』では、著者である田中の考えが挿入されている体験談がしばしばみられる。例えば、『山怪』第三章「固まる爺婆」では、体験者が、自身が目撃した謎の巨大光玉について、「日本は火山国だから、もともとリンが多いんじゃないの。それが地形とか天候でガスが溜まって燃えるんじゃないのかねえ」と見解を述べている〔田中　二〇一八　二三二〜二三六〕。それに対し田中は、リンが「自然発火で大きな火の塊になるのだろうか？　リンが可燃性のはずなら一気に燃え尽きるはずだ。それが数十秒も空中を漂いつつ光を放つとは考え難い」と、本文中に自身の見解を記している〔田中　二〇一八　二三四〕。実話怪談でありながら、著者の見解が織り交ぜられている点が同書の特徴といえるかもしれない。

『山怪』においても『新耳袋』の調査と同様に各話で身体部位や五感を指標とする分類を行った。そこから得られた結果と『新耳袋』の結果を照らし合わせ、考

表5　五感別にみる『山怪』の怪異

	山怪「壱」			山怪「弐」			山怪「参」			
五感	第一章	第二章	第三章	第一章	第二章	第三章	第一章	第二章	第三章	計
視覚	11	11	7	19	15	13	27	15	10	128
聴覚	5	11	6	9	10	10	11	7	6	75
嗅覚	0	0	0	1	1	0	1	1	0	4
味覚	0	0	0	0	0	0	0	0	0	0
触覚	2	1	1	1	0	2	0	2	0	9
全て	2	1	1	4	3	3	3	1	1	19
なし	0	2	9	6	6	8	6	7	7	51
計	20	26	24	40	35	36	48	33	24	286

察を行っていく。

まず身体部位ごとの集計結果から検討していく。『山怪』壱から参、全二〇五話から得られた総データ数は一三二七件であった（表4）。そのうち①怪異の身体一〇九件、②怪異と交わる体験者の身体二〇件、③体験者・登場人物の身体四四一件、④その他七五七件という結果になった。

この結果と『新耳袋』第一夜全九十九話のみの集計結果、①怪異の身体一七七件、②怪異と交わる体験者の身体五一件、③体験者・登場人物の身体一三八件、④その他一三〇件、計四九六件と比べてみると、①怪異の身体と②怪異と交わる体験者の身体のデータ数が少ないことがわかる。

次に五感ごとの集計結果は、「視覚」一二八件、「聴覚」七五件、「嗅覚」四件、「味覚」〇件、「触覚」九件、「五感全て」一九件、「五感なし」五一件となった（表5）。『新耳袋』同様に「視覚」が最も多く、次に「聴覚」「五感なし」が続く結果となった。『新耳袋』と異なるのは「触覚」よりも「五感全て」のデータ数が多いという点である。『新耳袋』では全九九〇話のうち「五感全て」に分類される怪異は一九件で全体の約二％でしかなかった。これに対し、『山怪』は全二〇五話のうち一九件で全体の約九％となり、割合としても『山怪』の方が上回る。

次に、この結果を踏まえて、『山怪』における怪異について『新耳袋』の怪異と比較しながら、考えていく。

（2）『新耳袋』と『山怪』

怪異の検討に入る前に、『山怪』全体を通して言えることは、体験談の舞台が山間部であるためか、動物に言及されるケースが多いということである。動物自体が怪異として現れるのはもちろん、どのような怪異でもその原因や解釈として動物が持ち出されることがしばしばあった。この大きな特徴をおさえた上で、更に『山怪』の怪異について踏み込んでいく。

まず『山怪』においてデータ数が最も多かったのは、『新耳袋』同様に視覚に訴えかける怪異である。『新耳袋』ではそれに伴い、①怪異の身体のデータ数が多くなっていた。しかし『山怪』では「視覚」のデータ数が一二八件あるのに対し、①怪異の身体は一〇九件であった。つまり、『山怪』の体験者は怪異の身体以外の何かを目撃しているのである。

『山怪』において目視できる怪異で圧倒的に多かったのが、「火の玉」「光の玉」「謎の光」である。『山怪』では「火の玉」「光の玉」「謎の光」にまつわる怪異は七一件あり、ひとりの体験者が何度も遭遇するほど、山中におけるポピュラーな怪異として記述されていた。これに対し『新耳袋』で「火の玉」「光の玉」「謎の光」などの怪異は一〇件で、これは人間の身体部位を持つ怪異や人型の怪異が多く登場した『新耳袋』と『山怪』の大きな違いのひとつと言える。『山怪』においても、そのような怪異の体験談は三六件あったが、①怪異の身体のデータ数が非常に少ないことからもわかるように、その身体に注目して語られることはほとんどなかった。

『山怪』においては、この「火の玉」「光の玉」「謎の光」の原因をキツネに求めている場合が一一件、人魂・タマシイだとする場合が九件、UFOだとする場合が七件、タヌキだとする場合が一件、原因について言及されていないものが三八件という結果になった。

興味深いのは、『新耳袋』ではUFOにまつわる話は全九九〇話のうちの六件であったのに対し、『山怪』では「火の玉」のような怪異をUFOだとしている体験者が七人もいたことである。現代においてはUFOも怪異の「解釈装置」として機能しているとも言える。

『新耳袋』においては、屋外の暗闇が減ったことで、聴覚や触覚に訴える怪異が減少したことを指摘したが、『山怪』は舞台が山間部であるだけあって屋外の体験談がほとんどである。山には街灯のような明かりがないため夜はもちろん真っ暗であり、昼でも木々が鬱蒼と茂っているため視界がいいとは言えない。そのような状況は、聴覚に訴えかける怪異と親和性が高いと言える。『山怪』において、音だけの怪異は五五件あった。

『山怪　参』第一章の「狸は音だけで満足する」では、体験者が草刈りのために草っぱらへ入ると、木がない場所でコンッコンッという木こりが木を切る音がし、「狸だなっ!」と大声で叫ぶと音が止むという。また最近ではチェーンソーの音を真似る狸もおり、誰もいない林からチェーンソーで木を切る音が聞こえてくることもある〔田中　二〇一九　三四~三六〕。

常光徹は、怪音で人を怖がらせたり不思議がらせる妖怪には狸の例が目立つと述べていた〔常光　二〇一七　三八〕。『山怪』における音のみの怪異は、原因不明のものを除くと狸に原因を求める場合が最も多く、七件見出せた。その次には狐が四件と続くが、狐は「ギャーギャー」という悲鳴のような声を上げることが多く、人間が出す音を真似る例は狸の方が多かった。常光が資料として検討した伝承的な怪音は、現代の怪異譚においても山間部では聞こえてくるようである。

また屋外の暗闇での体験談としては、『山怪』第三章「テントの周りには」がある。これは著者の田中自身の体験談である。田中が阿仁スキー場の近くの空き地にテントを張って寝ていると、何者かの足音と鼻息が聞こえて目が覚めた。ライトを持ってテントの外へ出てみても誰もいないという内容である〔田中　二〇一九　二〇三~二〇七〕。『山怪』の語り手となっている人物のほとんどが狩猟関係者などの山のプロであったため、不用意に夜の山に立ち入るような話はなかったが、やむを得ず山小屋などで一夜を明かすことになったときにはこのような足音の怪異をよく耳にしていた。夜の山の暗闇と静寂で、感覚が研ぎ澄まされるからであろうか。『新耳袋』の事例は、屋内か、屋外であっても人間の生活圏における体験談がほとんどであり、夜の山のように音が全くしないような状況もなかった。そのため、音だけの怪異がその存在を示すことが難しいとも言える。

次に『山怪』では、「五感全て」に分類したような空間に作用する怪異が多い点について検討する。山に慣れているはずの話者たちが、なぜか迷うはずのない場所で迷ってしまったり、同じところをぐるぐるとまわっていたり、突然いつもと違う風景が現れたりするのである。「五感全て」に分類した怪異一九件のうち、一一件がその原因をキツネに求めていた。『新耳袋』では機能しなくなりつつあった「解釈装置としての狐狸狢」が、こちらではまだ機能しているのである。それは山という場において、狐や狸などの動物が人間の生活にとって身近な存在であり、「解釈装置」として利用することに対する違和感が少ないからではないだろうか。

『新耳袋』において「五感なし」に分類した怪異は、神仏にまつわるものであったり、直感が働いたようなものであったりと、五感に訴えるわけではない点で共通しつつも、概括を許さない事例群であった。しかし『山怪』で「五感なし」に分類した怪異五一件のうち、二七件は人が忽然と姿を消す神隠しや行方不明といった怪異であり、場所や語り手が違ったとしても、似たような体験談が多く見られた。

このような怪異についても、体験者たちは狐に原因を求めており、このうちの一二件が狐による神隠しだとされている。『新耳袋』では何か怪異を目撃した後に行方不明になったり、気が狂ってしまうという怪異は僅かにあったが、神隠しのように忽然と人が姿を消すといった怪異はなく、ましてやその原因を狐などの動物に求めている事例もなかった。このような怪異は『山怪』独特のものであると言えよう。これも怪音や「五感全て」に分類した怪異と同様に、怪異を体験する場の性質の違いによるものであると考えられる。

最後に、②怪異と交わる体験者の身体のデータ数が全体で二〇件と非常に少ない結果となった。五感ごとの分類でも「触覚」のデータ数が九件と少なくなっており、体験者と接触する怪異はほとんどみられなかった。『新耳袋』では目が合うことで怪異と交わる場合が多く見受けられたが、『山怪』における②怪異と交わる体験者の身体の「目」の項目は〇件であった。つまり、互いに目視し合うような関係が生じる事例は存在しなかった。これも『新耳袋』と『山怪』の重要な相違点であると考える。

（3）現代怪異譚としての『新耳袋　現代百物語』の性格

ここまで述べてきた『山怪』における怪異は、大きく六パターンに分類できる。「火の玉」「光の玉」「謎の光」の怪異、怪音や声の怪異、空間に作用し体験者を惑わせる怪異、神隠しのような怪異、動物の姿をした怪異、人型の怪異である。怪異のあり方が似通っているのは、『山怪』の事例における体験者が、狩猟関係者、山の周辺の集落に住む人に絞られていたためかもしれない。どの怪異についても背後には狐や狸などの動物が潜んでいることも先述の通りである。つまり、『山怪』に登場する怪異は、『新耳袋』の「狐狸妖怪を見たという話」として分類されるようなものが大半を占めていたと言える。それに対し、『新耳袋』では、体験者の属性は多様であり、怪異のあり方や怪異との接触のあり方も非常に多様であった。もちろん人型の怪異、人間の身体部位を持つ怪異が圧倒的に多く現れるが、その怪異の様子も全身、欠損、個別の部位のみなど様々である。そして『山怪』において、怪異が体験される場が山やその周辺に限られていたのに対し、『新耳袋』では家、学校、会社など幅広く、現代の生活圏内で日常に近い状態であったことも特徴であると言える。

『新耳袋』や『山怪』のような現代怪異譚においては、怪異との直接的な身体接触だけではなく、「目で見ること」が怪異と交流するために非常に重要な行為となっている。怪異を目で見る、つまり視覚で捉えることができなければ、その存在に気づくことができない場合さえある。しかし、『新耳袋』と『山怪』で語られる体験は、視覚優位であるという点では共通しているが、その怪異と体験者の関係のあり方は大きく異なる。『山怪』では「火の玉」「光の玉」などの現象や、狐、狸などの動物の怪異が中心であり、身体への接触が少なく、視線の交錯がないという点で、体験者が一方的に怪異を感知するという関係にあった。また人型の怪異に遭遇したとしても、それは動物が起こした「現象」として解釈される。これらの特徴から、『山怪』は不思議で不可解な現象の「観測」の物語であったと言える。一方、『新耳袋』には人間の姿をした怪異が多く現れ、体験者とは身体の接触や視線の交錯を通して、双方向的な位置関係にあった。またその身体には、生きている人間に近い身体観が反映されていた。『新耳袋』は、生きている人間の延長線上として捉えられる怪異が引き起こす、「交流」の物語であったと総括できるだろう。

そして、『山怪』では怪音のみの怪異が多くあったのに対し、『新耳袋』では視覚と聴覚に同時に作用する怪異が多くみられた。仮に怪音が聞こえた場合でも、そのあとに怪異の姿を目撃するなど、聴覚に加えて視覚で怪異を捉えているのである。『新耳袋』も『山怪』も、各種の感覚のなかでも視覚が優位であったが、『新耳袋』はより顕著に視覚優位の時代が刻印された怪異譚集であるといえる。

ここまでまとめてきた現代怪異譚と、先行研究で分析されていた伝承的、俗信的な怪異譚における怪異との接触のあり方は大きく異なるものであった。暗夜に視界が遮られる状況において、音として人間に存在を訴えかけていた怪異は、その姿を現すようになった。またかつて身体の開口部や霊的な急所を攻撃しようとしていた怪異は、人間の日常生活で意識されるような身体部位にアプローチするようになった。怪異が人間の身体の内部に侵入するという発想も後退し、現代怪異譚においては身体の外部に接触する存在となっている。このことからは、怪異がより実体的なものへと変化しているということも指摘できる。

以上のことからは、「現代」という時代において、人々がより物質的なものを求める傾向にあることがうかがえる。そして現代人が物事を察知、感知する場合には、「視覚＋聴覚」「視覚＋触覚」「視覚＋聴覚＋触覚」といったように、視覚から得られる情報を基本として他の感覚が動員されていくようだという見通しも立てられるかもしれない。

おわりに

本章では『新耳袋　現代百物語』シリーズを資料として怪異と身体のあり方を分析し、現代の人々の身体観、身体感覚について明らかにすることを試みた。これにより、先行研究で伝承資料から析出されていたものとは異質な身体観のあり方を明らかにすることができた。また、『山怪』との比較からは、狐狸の存在など『新耳袋』との異質性がうかがえた一方、山間部における体験談であっても、現代の怪異譚においては視覚の優位性が見いだせた。現代の怪異は環境によって前時代的な形式を引き継ぎつつも、現代人の感覚に応じて、そのあり方や人間との接触の方法を変容させていると言える。

『新耳袋』は現代の怪異譚を収録するものであったが、すでに三〇年以上前の刊行物であり、そこには昭和後期や平成初期頃の体験談が集められていた。他方、平成初期頃から現在にかけて、私たちを取り巻く環境は急速に変化している。それはまた、私たちの感覚をも変化させている可能性がある。安井や三柴らが分析した伝承における怪異と身体観のあり方が遠い昔の文化へと変化したように、筆者が本章で述べた人々の身体観や感覚も変わっていくだろう。今後生まれる実話怪談には、私たちの新たな感覚に根差した怪異が見られるようになるのかもしれない。それらの追跡は別稿の課題としたい。

注

（1）伊藤はこの感覚を「妖怪感覚」と呼んでいる。

（2）怪談実話と実話怪談は同義であると考えられるが、飯倉の論文では用語として「怪談実話」が使用され、伊藤は実話怪談を使用しているため、ここでも適宜使いわける。

（3）第五夜の第四十六話、第四十八話、第四十九話、第八夜第一話、第二話にはショートヘアの女が現れ、それぞれ同じ女の怪異であると考えられる。

（4）一つの話に「目が合う」という表現が複数回出てくる場合のデータ数は一件として数えている。

（5）『山怪　山人が語る不思議な話』は二〇一五年、二〇一七年、二〇一八年に山と渓谷社から出版された。本論文において参考にしたのはそれぞれ二〇一九年、二〇二〇年、二〇二一年に文庫版に改められたものである。

参考文献

・飯倉義之　二〇一六「怪談の文法を求めて――怪談実話／実話怪談の民話的構造の分析」『怪異を魅せる』青弓社
・伊藤龍平　二〇一八『何かが後をついてくる　妖怪と身体感覚』青弓社
・伊藤龍平　二〇二一「実話怪談の未成感と解釈について―『型』からの逸脱と『物語』の拒否―」『現在学研究』七
・川島秀一　一九九九『ザシキワラシの見えるとき　東北の神霊と語り』三弥井書店
・木原浩勝　中山市朗　二〇〇二ａ『新耳袋　現代百物語　第一夜』角川文庫
・木原浩勝　中山市朗　二〇〇二ｂ『新耳袋　現代百物語　第二夜』角川文庫
・木原浩勝　中山市朗　二〇〇三ａ『新耳袋　現代百物語　第三夜』角川文庫
・木原浩勝　中山市朗　二〇〇三ｂ『新耳袋　現代百物語　第四夜』角川文庫

・木原浩勝　中山市朗　二〇〇四ａ『新耳袋　現代百物語　第五夜』角川文庫
・木原浩勝　中山市朗　二〇〇四ｂ『新耳袋　現代百物語　第六夜』角川文庫
・木原浩勝　中山市朗　二〇〇五『新耳袋　現代百物語　第七夜』角川文庫
・木原浩勝　中山市朗　二〇〇六『新耳袋　現代百物語　第八夜』角川文庫
・木原浩勝　中山市朗　二〇〇七『新耳袋　現代百物語　第九夜』角川文庫
・木原浩勝　中山市朗　二〇〇八『新耳袋　現代百物語　第十夜』角川文庫
・小松和彦　一九九八「民俗社会の感性と生理」『講座　日本の民俗学　二　身体と心性の民俗』雄山閣出版
・高岡弘幸　二〇一六『幽霊　近世都市が生み出した化物』吉川弘文館
・田中康弘　二〇一九『山怪　山人が語る不思議な話』ヤマケイ文庫
・田中康弘　二〇二〇『山怪　山人が語る不思議な話　弐』ヤマケイ文庫
・田中康弘　二〇二一『山怪　山人が語る不思議な話　参』ヤマケイ文庫
・常光徹　二〇〇六『しぐさの民俗学――呪術的世界と心性』ミネルヴァ書房
・常光徹　二〇一七「怪音と妖怪――聴覚と怪異現象」『進化する妖怪文化研究』せりか書房
・三柴友太　二〇一二「身体伝承の研究――『路傍の怪』にみる足元・背後」『昔話伝説研究』三一
・安井眞奈美　二〇一四『怪異と身体の民俗学――異界から出産と子育てを問い直す』せりか書房

第二章　現代ザシキワラシ考
――福島県会津坂下町の松林閣の事例から

谷原颯月

はじめに

「旧家にはザシキワラシと云ふ神の住みたまふ家少なからず。此神は多くは十二三ばかりの童子なり。折々人に姿を見することあり。（中略）此神の宿りたまふ家は富貴自在なりと云ふことなり」と、柳田國男はザシキワラシを説明している〔柳田　一九九七　一九～二〇〕。一方、今日のマスメディアやサブカルチャーにおいては、ザシキワラシは「会えれば幸せになれる」存在と称されている。家に宿った結果「富貴自在」になるのではなく、会うことで幸運になるといい、柳田の説明とは相違する。そこには「宿る」と「会う」、「富貴」と「幸運」という相違がみられ、ザシキワラシの性格は大きく変化したと思われる。後述の石川純一郎の指摘をふまえ、本章では従来の民俗語彙を「ザシキワラシ」として、民俗語彙から逸れた現代の存在を「座敷わらし」としておく。

現在、私たちが座敷わらしを体験しようとする場合、宿泊施設や食事処といった「座敷わらしに会える」ことが謳われている場所へ赴くことになり、そこでの経験はマスメディアやSNSを通じて共有されることになる。それを見た人々がさらにそこへ赴き、なんらかの幸福を得ようとする一連の流れが生まれつつある。座敷わらし巡りと称し複数施設を回る者も少なくない。ザシキワラシは「自らが棲む家」の富貴を操るとされていたはずなのに、である。では、そのような座敷わらしはどのように体験されて、何が変化したのだろうか。

本章では、以上の問題意識のもと、座敷わらしの出現が語られる福島県会津坂下町の宿泊施設・松林閣での調査成果を報告し、現在における座敷わらし体験のあり方を明らかにする。

一、先行研究の整理と問題の所在

ザシキワラシという表現は佐々木喜善の小説「舘の家」が初出とされている〔佐々木　一九〇七〕。一九〇九年の『遠野物語』ではザシキワラシは「家の神」と分類されており〔柳田　一九九七　一一〕、『石神問答』に収録された一九一〇年の佐々木からの書簡でも「神」として記されている〔柳田　一九九九a　五七三〕。一方、一九一四年の『郷土研究』二巻六号には遠野の尋常小学校にザシキワラシが出現したという話が掲載されており、これは一九五六年の『妖怪談義』に収録される〔柳田　一九九九b　三三〇〕。今でいう「学校の怪談」として語られるザシキワラシは、『遠野物語』におけるザシキワラシとは異なる性格を見ることができ、『妖怪談義』収録以降ザシキワラシは妖怪として捉えられるようになった〔遠野文化研究センター　二〇一九　九〕。一方、小松和彦はザシキワラシを祭祀によって制御しえない存在であることに注目して「福の神とも妖怪とも判断しえない精霊」と表現し〔小松　一九九四　八三〕、人でも血でもなく家に憑く「憑き物」とした。

『遠野物語』刊行後の佐々木は、一九二〇年二月に『奥州のザシキワラシの話』を刊行し〔佐々木　一九二〇〕、一九二四年には『人類学雑誌』三九巻四号五号六号に「ザシキワラシの話」を投稿した〔佐々木　一九二四〕。また、事例集としては佐々木の『奥州のザシキワラシの話』「ザシキワラシの話」のほか、二〇〇三年には高橋貞子が『座敷わらしを見た人びと』を発刊しているものの聞き書きの成果は数少ない〔高橋　二〇〇三〕。

事例の収集を中心とした佐々木に対し、千葉徳爾や中村一基、小松和彦、内山清美、川島秀一、伊藤龍平らは佐々木の報告を整理しつつ分析を試みていった。それらの議論の多くは、ザシキワラシの起源や分布、または家の盛衰の説明原理としての側面に注目するものである。例えば、千葉は富貴をもたらす童子という要素に着目し、海神小童信仰との関連性を指摘した〔千葉　一九五二〕。中村はザシキワラシが語られる共同体、特に大同、旧家に着目し、それらの家で殺された赤子の魂が座敷という場所において竜宮童子と混ざり合い富をもたらすザシキワラシになったと指摘している〔中村　一九九六〕。小松は、地域の人が特定の家の急激な隆盛をうらやみ、その成り上がりに対して悪感情を抱くからこそザシキワラシが語られ始めると考察した〔小松　一九九四a〕。また、ザシキワラシの棲んでいる家は、家が没落しその退去を幻視したことによってはじめてザシキワラシが棲んでいたことが判明するのだとし、家の没落や不幸な挫折を説明づける理由として宛てがわれた存在であると述べている。

こうした成果のなかで、ザシキワラシの範囲がたびたび論点とされた。千葉は佐々木の成果について「事例を追加しようとするあまりに、今から考えるとザシキワラシの本質から遠いものまで、資料として集積報告しておられた」と述べている〔千葉　一九五二　二〕。また、ザシキワラシの出現例を地域ごとに分類し、それぞれの関係性に着目した内山の議論に対し〔内山　一九七六〕、石川は「汎称ともいうべき『座敷童子』を採用すれば、ザシキワラシの分布は他県にもみられる、というような矛盾はおかさずに済んだ」と述べており〔石川　一九七六　二〕、ザシキワラシは民俗語彙と汎称とに区別できることを指摘している。

以上の諸成果に対し、川島の議論はザシキワラシの変化や現在におけるあり方を捉えようとするものであった。川島はマーシャル・マクルーハンのいう「視覚優位社会」に着目し、早池峰《はやちね》神社の「ざしきわらし祈願祭」などを事例としながら、ザシキワラシ観が「視覚化」をキーワードに変化し始めていると指摘した〔川島　一九九九〕。伊藤龍平はこの点を深め、視覚優位の時代と聴覚優位の時代の怪異体験のあり方に議論を及ぼしている〔伊藤　二〇一八〕。

内山が「ザシキワラシの報告は少ない」と述べるように〔内山　一九七六　二〕、ザシキワラシの事例集積は豊かなものではなく、かつ、新しいものでも川島が早池峰神社に触れる程度で、ほとんどが昭和期に行われた調査である。高橋の成果のように新しい報告はあるが、「座敷わらし」の出る宿として有名化した岩手県の緑風荘をはじめ、各地の宿泊施設や神社、食事処といった場所で、平成以降に注目を集めた事例の報告は数少ない。これらの収集と検討が十分に行われていないことは問題であろう。川島は「マス・メディアによって、遠野のザシキワラシは、これからも各地でザシキワラシの『実験者』を通して現れる」と述べており〔川島　一九九九　二六〇～二六二〕、メディアを通じて新たに生み出されていく、従来のザシキワラシには含まれなかった「座敷わらし」の在り方が明らかにされる必要があるといえるだろう。

以上をふまえ、本稿では福島県会津坂下町の温泉宿・松林閣での若女将への聞き書きと宿泊者ノートの分析から、宿泊客が期待しているものを確認し、現代におけるザシキワラシ／座敷わらしの体験のあり方を明らかにする。

二、宿泊施設・飲食店の座敷わらしの諸相

内山によると、ザシキワラシの伝承は岩手県全域、青森県、宮城県で多くみられ、稀に北海道・秋田県・長野県・静岡県・愛知県・岐阜県などでみることができるという。その扱われ方は、「ザシキワラシはいればいいた方がいいといった表現で伝承され、いわゆる意識外の存在となっている」というように〔内山　一九七六　二二〕、必死にザシキワラシを留めておこうとするわけではない。また筆者の調査のかぎりでは、現在は旅館や食事処などで出現を喧伝する事例が中心となり、集客に使う事例が目につきやすい。

後述するように、座敷わらしの出るという施設のメディアによる再発見が進んでいるが、そうしたなかで特に特徴的な施設をまとめたのが表1である。

いくつかの事例を検討しておく。緑風荘をはじめとする金田一温泉郷は、「座敷わらしの里」と称しており、座敷わらしを「座敷わらし亀磨」としてゆるキャラ化し観光大使にすることで積極的な広報を行っている。緑風荘においては座敷わらしを神社に祀っているのに対し、人形や絵のように目に見える形にあらわしているのが民宿わらべ（早池峰神社「ざしきわらし祈願祭」で頒布）とタガマヤ村である。また、タガマヤ村では人形に魂を込めて座敷わらしを連れ帰るだけではなく、「座敷わらしパワー」を込めた商品を販売するなど商業展開を行うほか、座敷わらしのご神体を用意し、社を建てている。タガマヤ村では座敷わらしの絵を飾っており、それを携帯電話の待ち受け画面にすると幸運が訪れるといった言説もある。金田一温泉郷の「座敷わらし亀磨」に触ると幸運になるという言説を含め、座敷わらしを身近に感じられるよう意識されているのは興味深い点であろう。

イメージの変化について、『『その姿がはっきりと見えるようになれば、その家は没落してしまう』と語られていたザシキワラシ、それが目に見えるようにされ、祀られている」と川島が述べるように〔川島　一九九九　二六二〕、「視覚化」は現代におけるザシキワラシの変化を考えるうえで外せない問題であろう。タガマヤ村の絵や、金田一温泉郷の地域広報など、様々な「視覚化」が進んでいる。また、「壁紙にすると幸せがやってくる」「ゆるキャラに触ると幸せになれる」「座敷わらしのいる宿に泊まると出世できる」などのように、いわゆるご利益の対象は「家」から「個人」へと移っており、「出世や無病息災」のように願意も焦点を狭めたものが多くなっている。以上のようなザシキワラシの変化を後押ししているのが、メディアにおける座敷わらしの表象である。

近年、座敷わらしを盛んに取り上げているメディアの例としては、フジテレビ系列で放送された『世界の何だコレ⁉ミステリー』内の原田龍二による座敷わらしスポット巡りの特集シリーズが挙げられるだろう。特集が組まれたのは二〇二一年三月三一日までで二〇回におよぶ。それらのうち、一〇回が東北地方の事例であり、残りは各地方に点在している。取り上げる対象は原田からの提案以外にも視聴者からの投稿を受け付けているため、狭い地域でしか語られていなかった座敷わらしの出る場所を全国に広める

表1　座敷わらしが出るとされる宿泊施設

都道府県	施設名	いわれ・語られ始め
岩手	金田一温泉	緑風荘に端を発し、金田一温泉郷全体で座敷わらしが出る
岩手	民宿わらべ	早池峰神社から座敷わらしが移ってきた
岩手	菅原別館	①座敷わらしと出会ったという宿泊客 ②大女将の実家から嫁入りについてきた
秋田	からまつ山荘	日産自動車創業者が銀山を掘り当てたため
山形	タガマヤ村	東村山郡中山町に座敷わらしが出る
福島	松林閣	建設中に大工が童子霊を感じた
群馬	生寿苑	先祖が空き家にとまった際金壺を掘り当てたため
大分	吉祥開運亭　無尽蔵	建物に座敷わらしが住み着いている
鹿児島	中島温泉旅館	出世した人が宿泊した部屋での心霊写真をブログに取り上げた

役割を担っていると考えられる。

また、同番組内で原田は風車や風船などを設置し、座敷わらしとのコミュニケーションを図っている。こうした試みは座敷わらしの出る宿、または同種のオカルト番組においても以前から行われていたと思われるが、少なくとも『世界の何だコレ⁉ミステリー』は近年の座敷わらしとの交流に相応の影響を及ぼしている。後述する松林閣の宿泊者ノートにおいて、風船に関する記述と持ち込みが始まるのは『世界の何だコレ⁉ミステリー』で特集が始まった二〇一八年四月四日以降であることからも、影響力のあるテレビ番組が座敷わらしの体験方法を広めていると考えられる。風船や車などのおもちゃが動く、異音がするという異常を座敷わらしの訪問とみなしているが、番組内ではあくまでも目撃することにこだわっている。番組内のテロップも「見ると幸せになれる」「出会うことができれば幸せを呼ぶ」など、「会う」や「見る」という視覚体験によって幸運がもたらされると表現している。

以上を念頭に、筆者の調査成果を報告していきたい。

三、松林閣のザシキワラシ／座敷わらし

（1）松林閣の概要

本節では二〇二〇年一月に福島県河沼郡会津《あいづ》坂下《ばんげ》町の旅館・松林閣を対象として実施した筆者の調査成果を報告し、分析を行う。本項ではまず、松林閣に出現するというザシキワラシの概要をまとめる。

松林閣は一九八九年に開業した。経営は家族を中心として行っており、現在の経営者は二代目である。今回の

調査に応じていただいたのは一九七六年生まれの若女将A氏である。

福島県内において、座敷わらしがいるとされる施設ならびに宿泊所は管見の及んだかぎりでは松林閣一軒のみであり、経営者一家はほかのザシキワラシに関連した宿に赴いたこともなく、交流もない。近隣の住民は座敷わらしがいる宿だと認識してはいるが特別視をしておらず、親戚が会津を訪問することがあれば紹介する程度である。A氏によると、現在でこそ座敷わらしを目的とした宿泊客が多く、偶然宿泊して座敷わらしがいることを知る客は少ないが、『世界のなんだコレ⁉ミステリー』などのメディアに取り上げられる以前は、来館してから座敷わらしがいるという話を知り、リピートする客が大半だったという。

A氏の話では、松林閣が最初に全国放送で取り上げられたのは、二〇一七年一〇月三〇日に放送されたテレビ番組『YOUは何しに日本へ?』内のイタリア人男性へのインタビューである。外国人を対象に空港で来日した理由を取材する番組であり、イタリア人男性は日本に蕎麦を食べに来た渡航者であった。最も美味しかった蕎麦屋として「割烹旅館松林閣」の名前があがり、全国へと広がった。松林閣は旅館であるが、食事処として宿泊者でなくても食事を提供している。『YOUは何しに日本へ?』の影響によって、昼に蕎麦を食べにくる客や、蕎麦を目的として宿泊する客が増えたという。このときは番組内で座敷わらしが紹介されることはなく、十割蕎麦を提供する伝統的な佇まいの旅館として紹介された。

以降も県内のテレビ局や雑誌は宿泊施設として、または自前の十割蕎麦を提供する店として取材するのみであったが、「座敷わらしがいる」という話は口コミで広がっていった。まさに知る人ぞ知るというかたちであったという。松林閣といえば座敷わらしという認識が根付き、座敷わらしを目的に初訪されるようになったのは、二〇一八年一〇月一〇日の『世界の何だコレ⁉ミステリー』の放送以降であり、空室照会の電話が止まらず、半年間の予約がほぼ埋まったという。

また、施設内の「吾妻五葉松」の部屋には宿泊者が記入できるノートがあり、二〇一五年一二月三〇日のノートを一冊目として、二〇二〇年一月三一日時点で八冊目まで使用している。

（2）松林閣の座敷わらし

松林閣の建設は一九八二年に着工された。工事は町内の大工が住み込みで担っていた。母屋を建てている途中で、「子供の声」や「遊ぶ音」が聞こえていたという。これがあまりに長く続くので、社長が福島県内の霊媒師にみてもらうと、子供の霊がいると言われ、竣工後、子宝に恵まれる大工が多かったという。A氏は大女将から「土地の子供の霊」か、宿を建てる木材の「木の精」であると伝えられたという。「木の精」がどのようなものかはA氏も認識しておらず、地域の伝承であるかも不明である。

最も多くザシキワラシが出るとされるのは「吾妻五葉松」の部屋だが、座敷わらしは館内であればどこでも出会えるという。「吾妻五葉松」の構造は床の間と小窓、縁側を持った八畳の和室で、床の間には、掛け軸のほかにも土壁のはがれた模様がお釈迦様にみえるという話もある。部屋に入ると「空気が違う」「気配がする」などと言い始める者もいる一方で、浴場でも足音が聞こえる、勝手にシャワーの水が出始める、脱衣所に人の気配がするなどの異常を感じる人もいる。また、「吾妻五葉松」の部屋に近い場所ほど座敷わらしに会ったという宿泊客が多いという。

また、見晴塔二階のマッサージチェアの裏側の土壁には手形が二つあり、座敷わらしのいる象徴として宿泊に来た客を賑わしているという。A氏によれば、六年前にはなかった手形であり、年月を重ねるごとに濃くなってきているという。

松林閣の座敷わらしは四歳ほどの女の子と、二歳ほどの男の子の二人であるという。旅館側としては名前を付けていない。松林閣の「松」と「林」からとって、女の子を「りん」ちゃん、男の子を「しょう」くんと名付けた者、男の子を松千代と名付ける者がいるなど、宿泊者の中でも共有された名はない。

松林閣では、座敷わらしの視覚化や商品化をしていないが、二〇一五年二月三〇日に吾妻五葉松に宿泊した「花」は、夢に見た座敷わらし（松千代）の絵を自宅に飾っているという。加えて、座敷わらしの霊魂が写真に球体となって表れるオーブ現象の撮影を目的に宿泊する客もおり、隣り合った部屋に宿泊し、壁を通り抜けるオーブを撮影しようとする団体客もみられる。また、座敷わらしを目撃し体験しているのは宿泊者ばかりであり、女将夫妻およびA氏家族ら経営陣は経験をしていないことも特徴的である。また、帰宅後、自宅にてオーブが撮影出来るなど不可思議な現象が起こることから、座敷わらしを連れ帰ったと報告する客がいるという。

A氏に、経営する立場として「座敷わらしという存在は神様ですか」と尋ねたところ、どちらかといえば精霊に近いという返答があった。座敷わらしは悪さをせず、宿泊者が「あっ、居た！」と楽しんでくれるもので、怖いもの（畏れ多いものの意味）だとは感覚的に思わないことが理由だという。A氏が何度も口にしていたのは「見てやろうと意気込んで来る人よりも、来てくれたらいいなと期待している人のほうが座敷わらしは現れやすい」ということであった。

（3）宿泊客について

松林閣に宿泊する客層として多いのは夫婦・家族であり、次に友人同士で訪れる者が続くという。年齢層は三〇～四〇代が最も多い。願掛けの動機で宿泊する客も多く、内容としては、①宝くじや馬券などの投票券が当ってほしい、②病気を治してほしい、③健康でありたい、④恋人がほしい、などの祈願をしていく。①についてほしい、宿泊に際して床の間に券を飾っておく人が絶えないという。②に関しては、寝たきりの人が宿泊しに来てしばらく経つと動けるようになったことや、ガンを治すことができたなどの報告をしてくれる者がいるとA氏はいう。個人の出世や幸運を求めてくる宿泊者も多いが、会社の事業が軌道に乗るようにと願掛けを兼ねて宿泊する者もいるという。主に新潟や東京・千葉・静岡といった東北から関東・甲信越の客が八割を占めているが、稀に広島など遠方から宿泊に来る企業経営者もあるという。

松林閣に限らず、座敷わらしがいる宿には贈り物を持参する客が一定数見られる。緑風荘や、同じく岩手県内の菅原別館では客室の一角にそれらを盛り付けるように飾っているというが、松林閣では専用の棚を設けて保管し、一定数を超えると、貸倉庫に預けるようにしている。A氏が霊媒師から聞いた話では、座敷わらしはモノが多くなるにつれて、ストレスをため込む性質があるという。二〇〇九年一〇月におきた緑風荘の火災もまた座敷わらしのストレスが原因であると語られたため、贈り物が部屋にたまり続けることがないように意識されている。

調査のために筆者が滞在した二〇二〇年一月三一日時点で、「吾妻五葉松」の部屋に保管されていた贈り物は六五点であった。そのうち、玩具類が二二点、音の鳴る玩具・楽器類は一五点、人形の類は九点であった。A氏によると、客の持ち寄る贈り物はそのほとんどが音の出るものであり、音が鳴ることで座敷わらしが現れたことを判別しようとしているようである。また、座敷わらしに手紙を書いてくる宿泊客や好物のオレンジジュースを供える者もいるという。

先述のように、同館の座敷わらしは様々なご利益をもたらすとされているが、次節で分析する宿泊者ノートを参照する限り、二〇一五年以降の訪問客で右記のご利益を直接求めて宿泊している人は少なかった。また、座敷わらしを連れ帰ったという宿泊客がいることも特徴的であろう。伝承のなかのザシキワラシに比して、銘々が自由な解釈を加えていることがわかる。以上の点を意識しつつ、次節では座敷わらし像とその体験のあり方を探るべく、宿泊者ノートの内容に分析を加える。

四、松林閣宿泊者ノートの分析から

前節で報告したように、松林閣の「吾妻五葉松」には宿泊者ノートが設置されている。本節では、同ノート内の二〇一五年一二月三〇日から二〇二〇年一月一八日までに書き込まれた四七五件の書き込みを対象とし、宿泊客の来館の動機ないし体験のあり方を分析する。

ノートにおける書き込みの内容を整理し、座敷わらしの「呼称」、「宿泊者の行動」、座敷わらしと遭遇した「時間」、座敷わらしの兆しとしての「オーブ」の現れ方、座敷わらしの「イタズラ」の諸相、祈願内容などに注目する。なお、ノートのなかで「場所」に言及される場合、同ノートが「吾妻五葉松」に設置されている関係で、内容のほとんどが「吾妻五葉松」に限定されてしまうこと、また、記入者が宿泊した場所についての記載が少なく、特定が困難であることから分析対象には含まなかった。

宿泊客は座敷わらしになんらかの名前をつけて呼びかけている（表2）。そのような座敷わらしの名称は、「ザシキくん」、「ざしきわらし様」、「童子ちゃん」など座敷わらしにちなんだ愛称が多く、「わらし（童子を含む）」は二三三件、「ざしきわらし」が八〇件、「ざしき」が九件となり、「わらし」を含めた呼び方が広く使われている。

表2　ノートにみる座敷わらしの「呼称」

ざしきわらし（80件）		わらし（233件）		ざしき君（9件）		その他（8件）	
ざしきわらし	12	童子ちゃん	109	座敷ちゃん	3	オーブ様	2
座敷わらしちゃん	11	わらしちゃん	61	ざしきちゃん	2	松千代	2
座敷童子ちゃん	9	童子さん	11	ざしき君	1	オーブ	1
座敷わらしさん	9	わらしさん	10	座敷くん	1	観音様	1
ざしきわらしさん	8	童ちゃん	7	座敷君	1	座敷座子	1
座敷わらし	5	童子くん	6	座敷さん	1	龍神様	1
ざしきわらしちゃん	4	わらしくん	6				
座敷童子	3	童子	5				
座敷童子君	3	童子君	3				
座敷童子さん	2	童子様	3				
座敷わらし様	2	わらし君	3				
座敷き童子ちゃん	1	わらし様	3				
座しき童子くん	1	「わらし」さま	1				
座敷童子くん	1	童子チャン	1				
ザシキワラシ	1	童君ちゃん	1				
座敷童	1	ワラシちゃん	1				
座敷わらじ	1	わらしチャン	1				
ざしきわらし©	1	わらし子ちゃん	1				
ざしきわらしくん	1						
座敷わらしくん	1						
座式ワラシさん	1						
座敷童子様	1						
座しきわらしちゃん	1						

「どきどきわくわくしながらわらしちゃんを待ちたいと思います♡　わらしちゃん出ますように!!　まってるネ!!　娘にいっぱいいいことありますように」のように、呼称は「わらし（童子）＋ちゃん」といった呼び方が一七三件と最多で、文体が気楽であり、親密に接しようとする場合、「ちゃん」という敬称をつけていると考えられる。「初めまして。お会い出来ることを心待ちにしておりました。童子様どうか願いを聞き届けていただきたく参りました」と「様」や「さん」などの丁寧な書き方をする場合、願い事や報告を真摯に行うほか、神のように捉えていることが多いといえよう。なお、秋田県のからまつ山荘の「雅」や岐阜県空穂屋の「鈴香」のような例とは相違して、松林閣では宿として座敷わらしに名付け

をしていないため、自由に呼びかけることができるわけであるが、対象期間のノートにおいて宿泊客が名付けを行った例が見られたのは二〇一五年一二月三〇日の「松千代」のみであった。

次に、座敷わらしとの交流ないし遭遇に関する記載を検討していく。表3では「宿泊者の行動」についての記載を抽出している。「宿泊者の行動」に注意してみると、座敷わらしと交流を図ろうとする場合、土産を持参する、座敷わらしないしそれ以外の絵画を示す、写真や動画を撮影するというアクションとともに、「遊ぼう」と声をかけるなど小さな子供と関わるかのような態度をとる人が多いようである。そして、表にはまとめていないが座敷わらしを目撃した、出会ったとする場合には「赤い着物の女の子」や「白い着物の小さな童子」といった和装であり、「前髪がオンザ」「おかっぱ風の女の子」と前髪を切りそろえた童形を見ることが多い。加えて、「白と絹の着物と袴の二、三歳の男子」、「大体五歳以下の小さな男の子」というように一人遊びができる未就学児程度の年齢をイメージしている。

表4の「時間」に整理したように、座敷わらしを体験する時間帯を特徴的かつ具体的に書き込んでいた件数は七二件であった。二七件の午前二時をピークとして体験数は下がっていく。急に目が覚めて体験する例もあり、オーブの撮影や物音を聞く体験は共通だが、頭や手を触られる、ラップ音の体験はとりわけ二時台に多い。なお、

表3
ノートにみる「宿泊者の行動」

宿泊者の行動（85件）	
導かれるように来た	20
座敷わらし以外の絵	16
土産の持参	15
写真の撮影	10
偶然の邂逅	6
メッセージの記入	4
自社の宣伝	4
会話を試みる	3
動画の撮影	3
写真持参	2
赤ん坊が笑う	1
抱負の表明	1

表4
座敷わらしの出た「時間」

時間（72件）	
15時	2
17時	1
21時	1
22時	3
0時	7
1時	7
2時	27
3時	7
4時	6
5時	2
6時	2
日中	2
夜中	1
深夜	2
朝	1
明け方	1

二時を境に寝てしまったという記載が多いため、ほかの時間と比べて現象を座敷わらしと結びつけやすく、期待感が高潮する限界の時間帯であると考えられる。

座敷わらしとの出会いは、写真や動画にオーブが映ったというものや異常な出来事を座敷わらしの仕業ととらえるものが数量的に多数であるが、ラップ音やオーブ、イタズラを体験しつつも「会えなかった」と考える宿泊者は少なくない。そうしたなか、座敷わらしを目視したというものが八件、夢で会ったというものが一五件、障子に映った影を見たというものが五件、姿は見えないが気配がするというものが一七件であった。

表5
ノートにみる「オーブ」

オーブ（248件）	
オーブ	221
オーブ（白）	14
オーブ（赤）	3
オーブ（金）	2
オーブ（水）	1
オーブ（青）	1
オーブ（虹）	1
オーブ（橙）	1
オーブ（赤緑黄）	1
オーブ（オーロラ）	1
虹のような光	1

オーブとの遭遇は二四八件である（表5）。単に「オーブ」とのみ書かれている場合と、色への言及がある場合とがある。座敷わらしの出る宿において、オーブは明確に霊現象として扱われる。佐々木喜善はザシキワラシの顔や服、持ち物などの色によって「色が白くて美しく見えるときには吉事があり、色赤く見えるときにはきっと凶事があった」と予兆を示すことがあり〔佐々木　一九二四　一七八〕、中村一基は特にザシキワラシの赤色は没落の象徴ないし兆しを示すとするが〔中村　一九九六〕、ノートにおいてはオーブの色を気にしている記載はない。オーブの色についての言及は二五件あり、撮影方法は①動画で撮影、②座敷わらしに声をかけて撮影、③背景を暗くした状態でフラッシュを焚き写真を撮る、の三種類である。最初はオーブを撮れなかったが、先例の通りにすることで撮影できたという例も散見される。撮影の成否にかかわらず、オーブは座敷わらしの訪問を示す、もしくは近くにいることを示す現象だと考えられていることが多い。明確にオーブを座敷わらしそのもの〔霊魂など〕と考えていたのは一〇件、オーブは座敷わらしそのものではないと明確に考えているものは一九件であった。オ

ーブは必ずしも座敷わらしそのものとは見なされていないことがわかる。

次に、オーブ以外ではどのような現象が座敷わらしの仕業と考えられているのかを検討する。体に触れる、音を立てるといったもののほか、機械の異常などの現象も座敷わらしの「イタズラ」として認識されている。表6では、「イタズラ」の内訳をaからeの五つに分けた。aは座敷わらしによって引き起こされた「音」をまとめたグループである。bは座敷わらしに触られる、押されるなど「肉体的接触」を感じた例をまとめた。cは撮影できない、電気がつかないなどの「誤作動」を分類し、dは物が動くなど物理的な「異常」をまとめた。eは右記四つにあてはめられない「その他」である。

『遠野物語』の十七話のようにザシキワラシはその音をもって存在を知らせることが少なくない。「音」は、活動音・楽器音・音声に大別でき、活動音は壁や床、襖などをたたく音、紙風船・お手玉などのおもちゃで遊ぶ音、充電器のタップを抜き差しする音など幅広いものである。また、楽器音で特に多いのはピアノであり、三七件みられた。ほかの楽器や音具では、リングベルやでんでん太鼓、オルゴールなどがあげられる。ピアノは電子製で、電源が入っていないのにもかかわらず鳴り始めるという不可思議さを強調する現象になっている。なお、他の旅館の事例であるが、緑風荘や菅原別館ではピアノが、タガマヤ村ではオルゴールのような、鳴るはずのない音が響くことが座敷わらしの訪問を知らせていると考えられている。松林閣の場合、ピアノは日中、それ以外の音は深夜に多く体験されている。

グループbの「接触」で最も多い体験は「触られる」というものである。夜に横になっているときに体験されることが多く、「乗られる」「たたかれる」ことで寝られなかった、起こされたという書き込みが多い。睡眠を邪魔する行為については、布団に潜り込んでくる、飛び込んでくる、手を持ち上げられるなどの行為も見られる。

表6　松林閣の座敷わらしのイタズラ一覧

a.音	b.肉体的接触	c.誤動作	d.異常	e.その他
家鳴り	乗られる	電気が消える	金庫が閉まる	館内で同じ匂いが時々香る
扉のノック音	くすぐられる	電気がつかない	扉が開く	視線を感じる
窓をノック	触られる	電気が明滅する	人形が動く	背中が熱い
木をたたく音	つつかれる	電気の光度が高くなる	寝て起きると物の場所が変わっている	暖房を切っているのに足が温かい
床ドンされる	押さえられる	「電話帳同期中」というメッセージ	コンセントカバーが取れている	手がしびれる
襖をたたく音	たたかれる	Dボタンが動く	充電コードに切れ目が入っている	話しかけられる
壁をたたく音	押される	siriが起動する	洗面台に手の跡	話しかけると反応がある
紙風船をいじる音	つつかれる	録画が作動している	飲み物がなくなっている	胸が苦しく重い
ボールを転がす音	ひっぱられる	待ち受け画面が変わっている	黄色の風船が揺れる	目をつぶるとにまぶしい
充電器を抜き差しする音	もまれる	目覚ましの時間が変わっている	ピンクの風船だけ落ちてくる	
お手玉の音	髪をわしゃわしゃされる	撮った写真がない	風船が会話に合わせて動く	
存在しないお手玉の音	額をポンポンされる	動画撮影が止まる	風船が一つだけしぼんでいる	
オルゴールの音	背中が温かく手を当てられている	携帯が勝手に動画モードになる	風船が揺れる	
鈴の音	手を持ち上げられる	動画でノイズ	風船や紙風船の位置が変わっている	
ピアノの音が違う	肘をつつかれる	カメラが使えなくなる	襖が緑色に光る	
笛の音	布団を踏まれる	カメラのノイズにより撮影不能	部屋に突風	
でんでん太鼓の音	布団にダイヴされる	画面がホワイトアウト	湯船の水面が揺れ始める	
存在しない弦音		写真のピントが合わない	おもちゃが落ちる	
声がする		スマホの輝度が下がる		
女の子の笑い声		スマホの電源がつかなくなる		
楽しそうな声		洗面台で水が流れ始める		
天井から笑い声		着信なしで携帯が鳴る		
風呂で笑い声		エアコンが勝手に作動する		
誰もいない廊下で歩く音		電気ポットが沸く		
風呂場で歩く音		ヒーターが消える		
枕もとを歩く音		トイレの水が流れる		
掛け軸が動き音を鳴らす		冷蔵庫に入れていた飲み物が熱い		
不思議な音		火災報知器が誤作動		
数珠か鎖の音				

特に二〇一九年一一月八日のノートに書かれた「手が持ち上がる」という体験は、先述の『なんだこれ!?ミステリー』内で原田龍二が松林閣で寝ている間に右手を持ち上げられたというエピソードに関連していると思われる。就寝中の行為は座敷わらしの訪問と捉えられることが多い。

グループc、dの不可思議な出来事のなかで特に多い事象は「座敷わらしに声を掛けたら電気が消された」、「客室に戻ってきたら部屋内の電気がつかない」といった電灯に関するものが多い。次点がスマートフォンの誤作動であり、「無音の状態でAIアシスタントが起動する」、「触ってないのに動画を撮り始める」などだが、誤作動を座敷わらしの仕業と考えるが訪問とは解釈しない人が多い。扉や金庫が開く、物が動く、電気ポットが沸騰し始めるなど物理的な異常や普段起こらない現象をもって座敷わらしの訪問とする傾向にある。

座敷わらしがいることで引きこされる現象はほかにもみられ、冬期に暖房を消していても部屋が暑いといった温度の異常や、耳鳴りや金縛り、頭痛など身体的な異常がある（表7）。宿泊者はこれらを座敷わらしが棲む部屋に居るせいだと考えており、そのような感覚は、特に、「吾妻五葉松」への入室時にみられるようである。これとは別に入室時に「清々しさ」を感じたり、「入った瞬間落ち着いた」、「心地よい」などのリラックスするような感覚を抱く宿泊者が多い。また、「日常から解放される」「疲れが取れる」など、「吾妻五葉松」の部屋への入室を通して、座敷わらしのいる部屋が特別な空間だと感じる宿泊者もいる。「この部屋に泊まったとゆーことは、わらしちゃんに会えるとか会えないとか関係ない、（中略）みんな、幸せになるに決まってるんです」との記述があるように、部屋に泊まれたこと自体を幸運と捉え、座敷わらしとの縁を結べたことで幸

表7
ノートにみる「体調の変化」

体調の変化（56件）	
室温上昇	19
金縛り	15
耳鳴り	6
頭痛	4
体温上昇	3
汗	3
寒気	2
眠れない	2
うなされる	1
不眠症改善	1

せになっていくと考える人も少なくない。座敷わらしやそれが出現する部屋は、ある種のパワースポットのように捉えられているとも考えられる。座敷わらしの訪問が認識されているわけではないものの、空間の体験もまた座敷わらしを感じるきっかけとみなされているのである。

宿泊者ノートでは「『会えたら幸せになれる』を信じ二人できました」、「会えば幸福になれる」と記されるように、座敷わらしは幸運をもたらすものであると考えられており、座敷わらしに対する願い事や宿に泊まったことで起こった幸運が報告されることがある。ノートにおいては「願望」が六〇件、「報告」が三〇件みられた。宿泊者ノートにこうした事項を記載しない者、従業員に伝えるだけの者もいることから、実態としてはさらに多くの件数になると考えられる。「願望」についてみてみると、子授け、宝くじ、良いこと、受験、就職、仕事、恋愛、良縁、金銭、健康、ライブや舞台のチケット当選など、幅広い願いが寄せられている。しかし、そのほとんどが、「良い事がありますように‼」のように漠然とした幸運に帰結し、「親友の子授け祈願、私の宝くじの件……（笑）／願いが叶いますように」などと、一言で示せるような願掛けが行われている。願いの内容が長く語られる場合には、倒産寸前の会社の立て直し、ガン治療を含む手術や入院、台風による新米や果樹被害の今後など、行き詰まりからの打開を求める、ある種「すがる」ような、切実な願掛けも見られる。また、座敷わらしへの報告としては、就職や妊娠、経営独立、脳梗塞だった弟が歩けるようになった、手術が成功したなど、座敷わらしへの願掛けと内容の傾向は重なっている。

宿泊者ノートには座敷わらしの性格や会うためのアドバイスが書き込まれることがある。松林閣の座敷わらしは臆病でイタズラ好きであり、寂しがりやの恥ずかしがりやであるという。そのため、「詳しい人に画像を送ると、写真を撮りすぎて怒ってるからやめた方がいい」と言われ、止めると座敷わらしに起こされて眠れない、太鼓の音が鳴るなど不可思議な現象に会ったという記載もみられる。音楽が好きなので曲を流すとピアノを鳴らしてくれる、音がすると質問に答えてくれるというアドバイスも残されている。座敷わらしと会うためには、その性格を理解したうえで適切な行動をとることが必要であると捉えられているのであろう。

本節では、宿泊者ノートから座敷わらしの体験される様態を分析した。記述されていた体験は、ほとんどがイタズラとオーブの撮影の二つに整理でき、稀に金縛りなどを通じて座敷わらしの存在を感じるものがみられた。また、『世界の何だコレ!?ミステリー』内で原田が体験した内容と相似するものが見られた点については、体験様態へのメディアの影響を確認することができる。また、「吾妻五葉松」へ宿泊できたことを幸運の始まりと考え、宿泊に意味を見出す者が少なからずいるということは、本事例の大きな特徴であろうと思われる。

むすびに

「ザシキワラシ」と「座敷わらし」には、童形をとり、悪戯を行うことがあるといった共通点が見いだせる一方で、そのあり方については、それによってもたらされるものの変化、移動性の欠落、凶事の脱落といった相違点がある。宿泊者のような外部の者が座敷わらしの恩恵に与ろうとする時、意識する必要のない特徴だからだといえよう。「ザシキワラシ」が「その家の盛衰を左右する力を持った、その家の富に関連のある」存在であるならば〔内山　一九九四　二三〕、「座敷わらし」は自らを知覚した者に、その人物にとっての幸運を与える存在だということになるだろう。

また、本章では言及できなかったが、様々なメディアによる体験談の拡散に、現代の「座敷わらし」観が影響を受けている可能性がある。例えば、『世界の何だコレ⁉ミステリー』内で放送された松林閣における体験の内容が、放送日以降の宿泊者ノートにもみられるようになったことはその一例であろう。その他メディアの検討も引き続き行われる必要がある。また、「ザシキワラシ」から「座敷わらし」への変遷の過程を検討することも今後の筆者の課題としたい。

参考文献

・石川純一郎　一九七六「ザシキワラシ管見」『民俗学評論』一四
・伊藤龍平　二〇一八「花子さんの声、ザシキワラシの足音」『何かが後をついてくる――妖怪と身体感覚』青弓社
・内山清美　一九七六「ザシキワラシの分布と形態」『民俗学評論』一四
・川島秀一　一九九九「ザシキワラシの見えるとき」『ザシキワラシの見えるとき』三弥井書店
・小松和彦　一九九四ａ『憑霊信仰論』講談社学術文庫
・小松和彦　一九九四ｂ『妖怪学新考』小学館
・佐々木喜善　一九〇七「舘の家」『芸苑』佐久良書房
・佐々木喜善　一九二〇『奥州のザシキワラシの話』玄文社
・佐々木喜善　一九二四「ザシキワラシの話」『人類學雜誌』三九巻四号五号六号
・高橋貞子　二〇〇三『座敷わらしを見た人びと』岩田書院
・千葉徳爾　一九五二「座敷童子」『民俗学研究』三
・遠野文化研究センター　二〇一九『遠野のザシキワラシ』（遠野学叢書一三）遠野文化研究センター
・中村一基　一九九六「座敷童子考」『岩大語文』岩手大学教育学部
・柳田國男　一九九七「遠野物語」『柳田國男全集』二　筑摩書房
・柳田國男　一九九九ａ「石神問答」『柳田國男全集』一　筑摩書房
・柳田國男　一九九九ｂ「妖怪談義」『柳田國男全集』二〇　筑摩書房

第三章　日常を揺るがす怪談
――自己責任系怪談をめぐる一考察

郷司天音

はじめに

怪談には、その話を聞いた者、読んだ者、特定の言葉を知った者に被害が及ぶとされるものがある。怪談を楽しんで終わるのではなく、その話を知ってしまったことで、自身の日常が揺らぐような恐怖が残る。そして、そのように危険な話であるため、それを聞いたり読んだりすることは「自己責任」で行うよう注意喚起されることもある。

これらの怪談は、インターネット上では「自己責任系」などというジャンルに位置付けられている。ただし、同様の怪談はインターネットのみならず、「学校の怪談」としても児童・生徒らに流通していたし、チェーンメールにもそうした趣向が見いだせる。本稿ではこれらを「自己責任系怪談」という語で包括しつつ、その実態を分析する。

なお、「学校の怪談」研究においては、怪談が語られることで非日常が生み出され、子どもたちの日常の秩序が更新されたり、破壊されたりするあり方に注意が払われてきた〔常光　一九九三a、吉岡　二〇〇八、二〇一八〕。本章で取り上げる自己責任系怪談は、日常性を破壊する怪談の最たるものであり、子どもたちの間に騒ぎが発生したケースも確認できる。そのように怪談が聞き手・読み手の日常性を侵犯するあり方を本章では捉えてみたい。

一、自己責任系怪談とは何か

先述のように、自己責任系怪談とは、話を聞いた者、読んだ者、何らかの言葉を知った者に直接被害が及ぶことが明言・明記されている怪談である。例えば、「ババサレ。」として知られる次の事例がそれに当てはまる〔常光　一九九五　一二七～一二八〕。

ある人が夜中の二時におきて、外を見ると、家の前の道におばあさんが立っていました。つぎの日おなじ時間におきると、家の玄関の前に立っていました。つぎの日にまたおきると、おばあさんが目の前にいました。

この話をきいた人は、一週間以内にこれとおなじことがおきるといいます。もしおばあさんが自分の前にあらわれたら「ババサレ。」と三回となえてください。もしとちゅうでつっかえると、首をしめられます。

老婆が訪問してくる怪談であり、この話を聞くと「一週間以内にこれとおなじことがおきる」という。また、自己責任系怪談の特徴は、怪異の回避方法が示される点である。その話を聞いたり読んだりしてしまったとしても、呪文の詠唱や怪談の拡散などにより被害を避けることができる。この事例の場合、「ババサレ。」と三回唱えることがそれに該当する。

　自己責任系怪談の先行研究は乏しく、いまだその全貌は不明と言って良い。わずかに「カシマさん」を取り上げた松山ひろしの『カシマさんを追う』があるに過ぎない〔松山　二〇〇四〕。カシマさんは本稿でいう自己責任系怪談にあたる早い例と考えられ、松山によれば一九七二年が文献上の初出と考えられる。カシマさんはきわめて多様な現れ方をしており、概括するのは困難であるが[1]、いずれにせよ、「カシマ」という言葉となんらかのかたちで関わる、聞くと恐ろしい目に遭う怪談が七〇年代以降、流行していった。

　松山は、この怪談を聞いた際の回避方法に注目し、「呪文型」「問答型」「不幸の手紙型」に整理している。「呪文型」とは霊が現れた際に名前や文句を唱える話で、「問答型」は幽霊の問いに正しく答えることで追い返すというものである。「不幸の手紙型」は複数の相手にカシマさんのことを伝えることが撃退の条件となる〔松山　二〇〇四　三四～三七〕。松山が年代ごとに分析を行ったかぎりでは、カシマさんが登場し始めた一九七〇年代前半は約半数が「問答型」であった〔松山　二〇〇四　一二五〕。「呪文型」は七〇年代後半に登場し、九〇年代前半まで「問答型」と「呪文型」の比率はほぼ二対一に保たれていたが、九〇年代後半に一気に逆転し、「呪文型」が主流となる。これにより、カシマさんは対話により引き取ってもらうのではなく、呪文で一方的に追い払える存在となったという〔松山　二〇〇四　一二八〕。

　松山は、カシマさんの怪談が聞き手を巻き込んでいくあり方を「伝染」という考え方で捉えていた。一方、「自己責任系」という言葉は、松山が『カシマさんを追う』を刊行したのと同じ二〇〇四年にインターネット掲示板に現れ、ネット上で一般性を獲得していった。この名づけは、二〇〇四年に「自己責任」という言葉が流行語大賞になったことをふまえて理解すべきではあるが、怪談を聞く者・読む者の責任に委ねる注意喚起や注意書きは、少なくとも二〇〇〇年以前から存在する。例えば、一九九一年の『きもだめしランド―午前〇時からの本』では一ページを注意喚起に用いて「ここから先の六ページを読むか読まないかはお客様の自由です」と記し〔恐怖体験セミナー編　一九九一　四七〕、一九九六年の『いろはに困惑倶楽部』では「ここから先は読むな！」という小見出しがある〔原田　一九九六　七七〕。聞き手・読み手が、自身が負うかもしれないリスクを心得たうえでその話に触れるべきというメッセージに、リスクをめぐる現代風の言葉が組み合わされてきた結果が、今日の状況である。

なお、「自己責任系」という言葉は、かつて掲示板上では二つの意味で使用されていた。一つ目はネット上で流通した「自己責任」という話を中心とする一連の怪談であり、「ヤマニシさん」という話を含むことから「ヤマニシ系」(2)とも称される。この「自己責任」は長文となるため、本論文末尾に資料1として全文を引用しておく。二つ目は、その話を聞く／読むと被害に遭うとされる怪談のジャンルであり、自己責任系という言葉は現在ではこちらの意味で使用する方が主流であると思われる。混乱を避けるため、以下、本章では狭義の用法である前者を「ヤマニシ系」、後者を「自己責任系」もしくは自己責任系怪談と呼称し、後者に焦点をあてる。

インターネット掲示板2ちゃんねる（現5ちゃんねる）のスレッド「死ぬ程洒落にならない怖い話を集めてみない？」（以下、個別のスレッド名を示すとき以外は洒落怖と略す）内で(3)、「自己責任系」という言葉が本章でいう意味で初めて明確に使用されたのは、管見の及んだかぎりでは「死ぬほど洒落にならない恐い話を集めてみない？72」の五二六レス目である(4)（二〇〇四年五月一九日）。発言者は本章でいう「自己責任系」の怪談の構造について考察している。

他方、同スレッド第七一レス目で「ヤマニシ系」に関連する怪談のURLが貼られたことをきっかけに「ヤマニシ系」に関する話題が盛り上がり[5]、第七二レス目（二〇〇四年五月一三日）では、「ヤマニシ系」を指して自己責任系という言葉が初めて使用された。先述の第五二六レスの発言者もこの会話の流れの中で発言している。ただし、五二六レスの発言内容は「ヤマニシ系」ではなく「自己責任系」に関するものである。つまり、五二六レス目の発言者が、自己責任系という言葉を「ヤマニシ系」ではなく、本章でいうところの「自己責任系」の怪談全般と誤認した結果、インターネット上における「自己責任系」という言葉が多義的になっていったのだと考えられる。なお、「自己責任系」という言葉が一般的になる以前は、松山がそうであったように「伝染《うつ》る怪談[6]」という言い方や、「『この話を読んだら～』系[7]」などと呼ばれていた。

自己責任系怪談は、カシマさんの噂が子どもたちに担われたように、学校の怪談として隆盛した背景がある。また、自己責任という言葉がインターネット上で使用されたように、ネットロアとして展開した。自己の責任でそれに触れるか否かを選択できるものではないが、チェーンメールの中にも、メールの受け手を強制的に怪異に巻き込むような趣向が生まれていく。本章では、様々な媒体からこの自己責任系怪談を収集し、その特徴を探りつつ、今後の研究で留意すべき論点を探ってみたい。

二、調査結果

(1)調査の概要

学校の怪談、ネットロア、チェーンメール、およびその他の資料から自己責任系怪談を収集したところ、事例総数は四五八件となった。この数字は、各種の事例が別の媒体に再掲載、または転載されたものもカウントしている。学校の怪談がウェブサイトに掲載されるなどのケースがあるわけである。同一の事例であっても微妙に改変が加えられているケースもあり、総数を集計するうえでは再掲載された事例も排除しないこととした。なお、それらを除外した場合、事例総数は三五三件となる。

学校の怪談は、九〇年代に一世を風靡した『学校の怪談』シリーズ九冊、『みんなの学校の怪談　赤本』、『みんなの学校の怪談　緑本』、『新・学校の怪談』シリーズ五冊、『学校の怪談』A〜E五冊の計二一冊に加え、書籍のタイトルに「学校」や児童・生徒、学生との関係を思わせる単語が入っているもの、または、国立国会図書館の国立国会図書館サーチで対象利用者が児童である資料のなかに探り、一六八件を収集することができた。

ネットロアは、「死ぬ程洒落にならない怖い話を集めてみない?」をはじめとするインターネット掲示板を情報源として、一五二件を収集した。なお、「死ぬ程洒落にならない怖い話を集めてみない?」は、二〇二四年三月現在で三七七レス目に到達するほど長期にわたるスレッドであるが、そこからの事例収集は同スレッドの最盛期と考えられる〔廣田　二〇二二　五二〕、二〇〇六年の一二九スレまでとした。これ以降のスレッドを探索範囲に含めることで、事例数はさらに増やすことができると思われる。

チェーンメールの収集は、一般財団法人日本データ通信協会の迷惑メール相談センターが運営するウェブサイトである「撃退!チェーンメール」を主な情報源とした。[8] 同サイトは二〇〇六年から二〇一三年までのチェーンメールを収集しており、その転送を防止することを目的として事例を公開している。自己責任系怪談と関わる事例は九一件であった。

その他、本章では『日本現代怪異事典』等の資料集を手がかりに〔朝里　二〇一八〕、各種の週刊誌など、学校の怪談には必ずしも関わらない文献資料からも四五件の事例を得ている。また、テレビ番組からも事例を得たが、一件のみであった。これは「その他」として集計した。

以下、収集した事例を、それを聞く・読むことで人びとがうける被害、および、それを回避する手段として語られる方法に注目しつつ整理する。この二つの要素は、自己責任系の話がもつ日常に介入する仕組みの中核をなす要素だからである。これらの点に注目することで、それぞれの話が、聞き手や読み手に対してどのように働きかけているのかを分析する。なお、被害内容と回避方法は一つの怪談に二つ以上存在する場合もあるため、これらの総数は収集した怪談の総数を上回る。

自己責任系怪談の被害内容は、「遭遇」、「死」、「欠損」、「再現」、「霊障」、「軽傷」、「憑依」、「不幸」、「その他」の九つに整理できる。「遭遇」は、「その話を聞くと幽霊が現れる」など、怪異が現れることを明言する事例である。語られている存在そのものが現れるもののほか、電話がかかってくる、足音がする、夢を見るというものも含めている。「死」は「その話を聞くと死んでしまう」という事例である。直接的には記されないが、殺人鬼がやってくるなど、聞き手の死を暗示するものも含んでいる。「欠損」は、体の一部が失われたり、奪われたりする事例を分類している。「再現」は、語られた怪異譚の登場人物が受けた被害と同様のものが自分にも降りかかるというものである。例えば、「Aさんが○○ということがあって亡くなってしまった。この話を聞いた人も同じ目にあうだろう」といった事例を分類した。「霊障」には、ラップ現象や金縛りなどの軽微な被害を分類した。「軽傷」は、怪我や骨折など「死」や「欠損」にまでは至らない人体への被害を位置付けた。「憑依」には霊が取り憑くものを、「不幸」には不幸、不運、何かが起こるなどの曖昧な表現のものを分類している。「その他」にはこれらの分類に当てはまらない被害内容を位置付けた。

回避方法は、「返答」、「呪文」、「行動」、「拡散」、「忘却」、「なし」、「その他」の七つに整理した。「返答」は、現れた怪異に問いかけをされ、その回答次第で被害に遭うか否かが決まるというもので、松山のいう「問答型」にあたる。「呪文」とは、現れた際に指定された文言を言うことによって被害を回避可能とするものである。「返答」と「呪文」の相違は、前者が怪異から何かを問われ、日常の会話で使うような言葉を返す場合を、後者には意味不明の言葉や遭遇した時にしか使用されない文言を言わなければならない場合を指す。「行動」は「洗面器に水をためる」などの特定の行動を求めるケース、あるいは「布団から足を出さない」などの特定の行動をしてはならないとするものを位置付けている。「拡散」はその怪異を誰かに伝達することで被害を回避できるとするものである。「忘却」には忘却することにより回避が可能な怪異を分類した。「なし」には回避方法が存在しないものを、「その他」にはこれらの分類に当てはまらない回避方法を位置付けた。

(2)被害内容

まず、被害内容の傾向を媒体別に検討してみよう。集計結果は表1にまとめている。表1には、先述の被害の諸相を、「学校の怪談」、「掲示板・ウェブサイト」、「チェーンメール」、学校の怪談以外の「文献」資料、「その他」の資料にわけて整理している。これをみるかぎり、自己責任系怪談の全体においても、またいずれの媒体においても、被害内容は「遭遇」が最も多く、二八四事例に見出すことができた。全四五八事例の約六二%になる。自己責任系と称される怪談の特徴とは、それを聞いたり読んだりしてしまうことで、おそろしいなにかに遭遇するリスクをもたらす点であるといえるだろう。なお、表1には示していないが、「遭遇」する存在は、恐ろしい人物や幽霊など、二八四事例のうちの八割が人型の怪異であった。遭遇する存在の性別は男性より女性のほうが多く、女性の中でも特に少女や老婆が多数である。怪異が男性である場合、特定の年齢を指定されることはあまりないが、わずかに怪異を「少年」とする事例が見られた。また、怪異が人型の何かではない場合には、夢をみる、電話がかかってくるといったものが該当した。

どのようなものが現れるケースであれ、多くの場合、怪異はただ出現するだけでなく、別の何らかの被害を聞き手・読み手にもたらすとされている。例えば、次の事例である［マイバースディ編集部編　一九九三　六四］。

バラバラ殺人事件の怪

昔、新潟でバラバラ殺人事件がありました。殺されたのは、ある館でお手伝いをしていた女の人で、犯人はその館の主でした。でも、主が犯人とわかったのが時効を過ぎてからだったので、女の人がうらんででてくるそうです。

この話を聞いた人は、夜中に目がさめたとき、女の人の霊が「わたしの○○（体の一部分）を知りませんか?」とたずねてきます。そうしたらあなたは、「新潟の主に聞けばわかりますよ」と答えてくださいね。そうしないと、女の人がいった体の一部分（〝うで〟といわれたらあなたのうで）をもっていかれてしまいます。

（まけないぞお）

表1　媒体別にみた自己責任系怪談における被害内容（表中の数字は件数）

被害内容	学校の怪談	掲示板・サイト	チェーンメール	文献	その他
遭遇	113	90	47	33	1
死	56	79	44	17	0
欠損	45	15	7	10	0
再現	33	44	18	4	1
霊障	3	15	1	2	0
軽傷	3	6	0	0	0
憑依	8	6	1	1	0
不幸	30	18	15	7	0
その他	27	15	30	5	1

話を聞いた人のもとに女性の霊が現れ、返答を誤ると女性の霊に体の一部分を奪われてしまうという。つまり、「欠損」の被害がもたらされる。このように「遭遇」を軸に他の被害が併発している事例は多い。「遭遇」の件数が多数を占めるのはこのためでもある。被害が「遭遇」のみの場合は、その見た目が恐ろしい、もしくはグロテスクであるとするなど、それが訪れ来ること自体を恐怖の対象としている。

事例の全体においても、または媒体別にみた場合においても同様に、「遭遇」に次いで多い被害内容は「死」であり、全事例の四二%に該当する。死因は「遭遇」したものに殺される事例のほか、「遭遇」の要素がうかがえない資料2のように、「裏返しで死ぬ」などと死に方が指定されているものがある。『黄色のハンカチ』という言葉を二十歳まで覚えていると死ぬ」などと死に方を指定しないもの（常光　一九九五　二一八）、また、「オノをふりおろしてくるかも」（資料3）などと、間接的に「死」を示すものもみられた。

「欠損」は、媒体別にみると「学校の怪談」に多く、全一六八事例の四五件、約二七%が該当した。つまり、こうした趣向が子どもたちに好んで語られた可能性を示唆する。欠損する部位は、他の部位と比べると足が多く、「欠損」全体のなかでも半分ほどを占めた。「足売り婆さん」（資料4）や「足取りジジイ」（資料5）のように、足を取ることを属性とする妖怪存在を創造しているケースも見られたが、このような傾向はほかの部位にはほぼ見られなかった。欠損する部位は他に手、首、心臓などがあった。

「再現」は「学校の怪談」「掲示板・サイト」「チェーンメール」において、それぞれ二〇%ほどの事例に見出すことができた。

「霊障」は「掲示板・サイト」の事例の一〇%が該当するのみで、ほかの媒体にはほぼ見られない。「霊障」の内訳は足音、金縛り、ノックの音などがある。「軽傷」はいずれの媒体でも一割未満であった。内訳は、足の怪我、傷、噛まれる、である。自己責任系怪談は軽症をもたらすものであるよりは、極めて深刻な被害を聞き手にもたらすものとして語られているといえよう。

「憑依」はいずれの媒体でも多くはなかったが、「学校の怪談」と「掲示板・サイト」でこれに該当する事例が見られた。「学校の怪談」ではただ「とりつかれる」と書かれているのに対し、「掲示板・サイト」では憑依されたあとの登場人物の様子や結末まで描かれていることが多かった。これは、「学校の怪談」は短文で「〇〇すると〇〇してしまう」などと語られる事例も多い一方、「掲示板・サイト」では出来事が物語として語られる事例が多かったためである。

「不幸」は、媒体別でみたとき、「学校の怪談」全一六八件の一八％、「チェーンメール」全九一件の一六％、「文献」全四五件の一六％、「掲示板・サイト」一五二件の一二％に見出せた。特に、回避方法が「忘却」や「拡散」である事例は、それを行わなかった場合、「不幸」になるとする傾向にあった。「拡散」との対応は、チェーンメールが「不幸の手紙」の延長線上にあることを想起させる。

「その他」は、「学校の怪談」と「チェーンメール」に顕著であった。被害の内容は「付きまとわれる」「誘拐される」「襲われる」「食べられる」「お金を払わされる」「恋愛がうまくいかなくなる」「友人が死んでしまう」「発狂する」といったものであった。子どもらしい内容が目立つといえるだろう。

(3)回避方法

次に自己責任系怪談の回避方法を媒体別にみた集計結果を報告する。回避方法の集計結果は表2のようになった。怪異を回避するための方法は、媒体ごとに結果が大きく異なった。

「返答」は、自分のもとに現れた存在と問答をしなければならないため、被害内容には必ず「遭遇」が伴った。数量としては「文献」では四五事例のうち一四件で三一%を占め、「学校の怪談」では一六八事例のうち二二件で一三%ほどとなったが、「掲示板・サイト」や「チェーンメール」ではわずかにしか見られなかった。

「呪文」は、怪異の名前を唱えるもの、名前の由来を唱えるもの、また、その怪談が嘘だとわかる呪文などがみられ、「学校の怪談」一六八事例のうち七五件、四五%にみえ、「掲示板・サイト」と「文献」も二〇%台となった。なお、怪異の名前としては「かしまさん」や「オカムロ」が多く、名前の由来を述べる呪文は「かしまさん」のみに見られた。例えば、『怪異百物語』三巻に次のようなものがある〔不思議な世界を考える会編　二〇〇四　七二～七三〕。

カシマさん

わたしが小学校四、五年生のころに聞いた話です。

カシマさんという美しい少女が、ピアニストを夢みて、毎日練習をつづけていました。ところが事故にあい、手をうしなってしまいました。ピアノをひくことができなくなってしまったのです。絶望のあまり、カシマさんは自殺してしまいました。

この話を聞いた人には、その夜、カシマさんがあらわれます。そうしたらつぎ

表2　媒体別にみた怪異の回避方法からみる自己責任系怪談（表中の数字は件数）

回避方法	学校の怪談	掲示板・サイト	チェーンメール	文献	その他
返答	22	6	1	14	0
呪文	75	32	1	11	0
行動	41	33	6	5	1
拡散	7	42	89	6	0
忘却	43	6	0	5	0
なし	14	39	1	4	0
その他	5	5	0	1	0

の呪文をとなえます。

　カシマさんの　カ　は仮面のカ
　カシマさんの　シ　は死人のシ
　カシマさんの　マ　は悪魔のマ

　この呪文を十秒以内にとなえないと——殺される。

　このように、かしまさんの当て字が「仮死魔」であることはおおむね共通しているが、由来については右記のもの以外にも若干のバリエーションが存在する。[9]「嘘だとわかる呪文」は次に示す「そうぶんぜ」や資料6の「火竜そば」など、バリエーションがいくつか存在した。

　そうぶんぜ

　この話を聞くと、その夜、夢をみてしまう。それは、
「自分は駅にいる。駅前には黒ネコがいる。ネコについていき、わかれ道で右に行く。すると『そうぶんぜ』という寺がある。とびらを右・左の順であけ、二つの巻物のうち右を持って、もときた道を帰ってくる。一つでもまちがえると、夢からでられなくなる」
　というもの。でも、夢からでられるまじないがある。お寺の名前を三回、さかさにとなえること。わかったかな？

「そうぶんぜ」は、逆から読むと「ぜんぶうそ」になるわけである。同様に、「火竜そば」も何度も繰り返し読むと「うそばかり」に聞こえる〔常光　一九九〇　四〇〕。呪文を読み上げる回数は三回が多かった。

「行動」は「学校の怪談」と「掲示板・サイト」においてはそれぞれ約二〇％ほどの事例に見いだすことができ、他の媒体では一割、もしくはそれ未満であった。例えば、『怪異百物語』三巻の次の事例は「バナナの絵を描いて枕の下に入れる」という行動を求めている〔不思議な世界を考える会編　二〇〇四　一〇八〕。

サッちゃん

童謡で、「さっちゃん」て歌があるよね。あの歌の二番で、

「バナナを半分しか食べられない」

のは、「小さいから」じゃなくて、じつは、バナナを半分食べたところで「交通事故で死んじゃうから」なんだって。

「さっちゃんが遠くへいく」

というのは、ほんとうは「あの世」の意味なんだって。

この話を聞いた人は、寝る前にバナナの絵を描いて、枕の下に入れて寝ないと、さっちゃんがまくらもとにほんとうにくるんだって。

このほか、ノックの音に対してノックを返すなど〔資料7〕、それぞれの怪談のストーリーに沿った対応が求められていた。

「拡散」は「チェーンメール」に該当する事例の九八％、「掲示板・サイト」に該当する事例の二八％に見出せた。いわゆる「不幸の手紙」以来の型として、「拡散」には期限や拡散する人数が定められているものが多かった。その一方、資料1「自己責任」のように、「アレの話を私と同じように多くの人に話せば、アレが私を探し当て、私が憑依される確率は下がるのではないか」との発想のもと、怪異におびえる当事者が拡散によって死を回避しようとする営みに、読み手が巻き込まれるという趣向もこれにあたる。

「忘却」は、「学校の怪談」の全事例の二六％に見出せたが、それ以外の媒体ではわずかであった。特に、『日本現代怪異事典』で「呪いの言葉の怪」と称されたものが大半を占めていた。「呪いの言葉の怪」は「紫鏡に代表される、一定の年齢までその言葉を覚えていると何らかの災厄が降りかかるとされる怪異」である〔朝里　二〇一八　四四七〕。「紫の鏡」とは「『紫の鏡』をおとなになるまでに忘れないと死ぬ」というもので〔常光　一九九五　二一七〕、このほかにも「『血まみれのコックさん』『銀色のナイフ』『紫の鏡』を二十歳までおぼえていると、のろわれる」〔常光　一九九五　二一八〕、「『黄色のハンカチ』ということばを二十歳までおぼえていると死ぬ」〔常光　一九九五　二一八〕といったものがある。その言葉を覚えていてはいけない年齢は二〇歳が大半を占めていたが、大人になるまでという事例も存在した。また、「紫鏡」や「銀色のナイフ」「黄色のハンカチ」のように色にまつわる言葉が多く見られる。学校の怪談で、特定の色が好んで使用されることはあらためて想起すべきだろう〔常光　一九九三b　七〕。また、特定の「呪いの言葉」ではなく、その話を聞いたことを忘れれば被害を回避できるものもあった。

「なし」は「掲示板・サイト」全一五二事例の三九件〔約二六％〕で、他の媒体においては一割に満たない。「なし」は本文に回避方法が書かれていない事例であるが、資料8で「一週間以内に云々とか、そういう回避方法は無いので呪われるのが怖い人は読まない方が身の為かと思います」と書かれているように、(10)回避方法がないことが明記されているものも存在した。聞き手・読み手としては、逃れようのないような恐怖に直面することになるわけである。

なお、「その他」に位置付けたのは「謎を解く」「登場人物を嘲笑しない」などといったものであった。

三、自己責任系怪談の傾向を考える

以上の結果をふまえ、自己責任系怪談の傾向から考えられる諸点を検討していきたい。民俗学の立場からいえば、この種の作業からは、松山が試みたように自己責任系怪談の変遷を再構成することが理想である。しかし、筆者の収集し得た事例には年代的な偏りがあり、それは十分には行なえない。筆者の収集した全四五八件から再掲された資料を除いたデータ数三五三件のうち、七〇年代の資料は一〇件、八〇年代は一六件、九〇年代は一二〇件、二〇〇〇年代は一六九件、二〇一〇年代は三八件である。このうち、「学校の怪談」としての自己責任系怪談は七〇年代には九件、八〇年代の資料には一〇件、九〇年代前半には四三件、九〇年代後半には六六件となり、二〇〇〇年代の事例は八件ほどであった。「掲示板・サイト」の事例数は九〇年代後半には四件だったが、二〇〇〇年代前半には七七件となり、二〇〇〇年代後半にも四三件の事例を確認できた。筆者は掲示板・ウェブサイトからの収集を二〇〇六年までとしているため、二〇〇〇年代後半の事例はさらに数が伸びるはずである。「チェーンメール」は二〇〇〇年代後半に三八件、二〇一〇年代の事例が三六件確認できた。ちなみに、チェーンメールの一般化は九〇年代後半と考えられ〔岩倉・大島・高津・常光・渡辺編　一九九九〕、実際に自己責任系怪談をモチーフとするチェーンメールも流布していた。依拠した情報源の制約により、筆者はこの時期の事例を収集することができなかった。

以上の事例の年代的分布は、筆者の収集した資料の刊行年・発表年を意味している。つまり、各種の事例が文献やウェブサイトに掲載された年であり、事例の起源を必ずしも意味しない。例えば、学校の怪談などは、資料集に掲載される以前は口頭で語られていたはずである。また、九〇年代には学校の怪談系の書籍が流行し、二〇〇〇年代には掲示板文化が発達し、それが事例数にも影響を及ぼしている。したがって、右の結果は、例えば二〇〇〇年代以降に学校の怪談が廃れたということを意味しない。そのように歴史的視点のもとでは不十分な作業であったことを遺憾とするが、前節で確認できた事実に分析を加えることで本稿の目的を果たすことにする。

まず、各媒体に顕著だった被害内容を対照してみたい。「学校の怪談」に顕著だったのは「遭遇」と「死」「欠損」であった。「遭遇」の割合はいずれの時期においても高かったが、九〇年代の資料を中心に、「遭遇」を伴わないものが増加する。この時期の刊行物で、「紫の鏡」や「赤い沼」などの「呪いの言葉の怪」と呼ばれる怪談が多く紹介されたためである。そうしたなかで、「死」と「欠損」はつねに一定の割合で見出すことができる。

一方、「掲示板・サイト」における被害内容で顕著だったのは、「遭遇」「死」「霊障」であった。「学校の怪談」と比較すると、「欠損」の人気が低いことが目を引く。加えて、他の媒体で人気の振るわない「霊障」を相応に確認できる。

これに対し、「チェーンメール」における被害内容は多様であり、独自の内容がみられる一方、「学校の怪談」や「掲示板・サイト」で語られていた怪談が取り入れられている場合も少なくない。それにもかかわらず、「チェーンメール」は、「遭遇」が必ずしも支配的ではない点で、「学校の怪談」「掲示板・サイト」とは相違する。「死」

が優勢である一方、「欠損」は多くはなく、むしろ「再現」「不幸」の割合が目を引く。「チェーンメール」は回避方法として転送を強制するものが支配的であるが、それをしなかった結果として、提示された恐ろしい出来事と「同じ目に遭う」ことや何らかの不運が降りかかると語られているわけである。

同様に、回避方法に注目してみたい。「学校の怪談」では、「返答」「呪文」「行動」「忘却」が優勢であった。学校の怪談ブーム以前には「返答」と「呪文」がみられるのみだったが、九〇年代以降の資料に「行動」が現われ、「忘却」も存在感を増していく。一方、「掲示板・サイト」では「返答」と「忘却」はほぼ見受けられず、むしろ「呪文」「行動」「拡散」「なし」が優勢である。なお、「チェーンメール」はほぼすべての事例の回避方法が「拡散」であった。メールを転送させることに目的があるためである。

さて、以上の整理をふまえ、ここで「学校の怪談」と「掲示板・サイト」の間にある差異について考えてみたい。「学校の怪談」として語られる怪異譚と「洒落怖」などで提示される怪談との間にはトーンの相違がある。それは、自己責任系怪談のうえにどのように現れているだろうか。

先述のように、被害内容においては「学校の怪談」に「欠損」が目立ち、「掲示板・サイト」では顕著ではなかった。同様に、「霊障」は「学校の怪談」にみられず、「掲示板・サイト」に目立った。また、回避方法については、「学校の怪談」で目立った「返答」「忘却」が「掲示板・サイト」にはほぼ見られなかった。これらの相違は、コミュニケーションへの参加者およびコミュニケーションのあり方の相違として考える余地があると筆者は考える。

まず、「学校の怪談」に「欠損」が多いことに注目してみる。「欠損」は残酷な結末を示唆するものである。「学校の怪談」は、年齢層としては児童・生徒、学生が話者になるため、時には子どもらしい発想の怪談も少なくないが、「欠損」を含む事例が優勢であることは奇妙である。逆に、残酷さ・恐ろしさという観点では、利用者の年齢層が高い「掲示板・サイト」などでこの手の怪談が好まれても不思議ではないはずである。ちなみに、二〇〇八年時点のデータではあるが、旧2ちゃんねるの年齢別利用者層は一九歳以下が一六％、二〇〜二九歳が一一％、三〇〜三九歳が二八％、四〇〜四九歳が二九％、五〇歳以上が一六％となっている。[11]ユーザーの主力は残酷な物語への耐性を相応に備えているであろう大人である。それにもかかわらず、残酷な被害は語られていないことになる。先述のように、「掲示板・サイト」は他の媒体にはほとんど見られない「霊障」が相応に見出せる。「霊障」という被害はインパクトが薄いように思われるが、ユーザーの年齢層が高いであろう媒体にむしろ多く現れたということになる。

「学校の怪談」でこそ残酷な被害が語られ、「掲示板・サイト」ではその限りではないという問題は、それぞれにおいて求められるリアリティの相違が関わっていると考える。「洒落怖」の利用者は、文字通り「洒落にならない怖い話」を求めている。「洒落怖」の第一スレの一レス目には、求められる怪談について「別に実話でなくてもいいです。要は『半端じゃなく恐い』が大切なので」と記されている。[12]また、第三スレの七五二レス目では頻出する話型は禁止するよう促されており、[13]その後も既出の話型に対しては攻撃的なレスがつくこともある。「欠損」それ自体は「半端じゃなく恐い」といって差し支えないが、おそらくユーザーにとって現実味がないのだろう。「欠損」の見いだせる事例は類型的な話が多く、洒落怖の利用者が求めるような話は少ないのだと思われる。そのように考えたとき、「霊障」という被害はインパクトには乏しいが、「掲示板・サイト」の大人の利用者にとっては現実味があるということなのかもしれない。学校の怪談に、残酷でショッキングであるが類型性を排除せず、現実味の乏しい要素が優勢であるとすれば、これは空想性を排除しないという意味で民話的想像力とでも呼べるものが介在しているといえよう。それに対して「洒落怖」には、創作であってもかまわないと明言されつつも、大人が怖さを感じられる程度には空想性が排除されるという意味で実話的な想像力が求められているとでも理解できる。

ただし、以上の考察については、以下の点も考慮する必要がある。まず、いわゆる「洒落怖」にも、民話的想像力を見出せそうな事例が存在する。いわゆる、「洒落怖あるある」と称される有名な事例には、現実味が乏しく、展開も類型的とみなせるものがある〔押見 二〇二二〕。また、「学校の怪談」は、時にそれに怯える子どもたちの姿がニュース沙汰になる。『朝日新聞』新潟版一九七二年一〇月一一日号の記事は、新潟県のある小学校で「話を聞いたら、五人以上に話さないと、あぶない」というカシマさんの流行により、便所に行けなくなる子ども、話を聞いて泣きだしたり、眠れなくなったり子どもも多かったことを報じている。そのように怯えている子どもたちにとって、それが切実な恐怖の対象であったことからは、カシマさんが実話的想像力の範疇にあったと見なしても良いだろう。民話的想像力と実話的な想像力とは、それが語られているコミュニケーションの場では必ずしも区別されてはいないし、様々な事例に様々な程度で見出し得るものと考えられる。

同様に注意すべき点として、本稿で扱った学校の怪談の事例は、子ども向けのものではあるが、書籍に依拠している。つまり、大人が書籍に掲載するために選別した事例が掲載されている。学校の怪談に見出せる民話的想像力は、子どもらしい想像力を見出そうとする者が介在することで強調されている可能性も考慮せねばならない。いずれにせよ、本稿では仮説的に示すにとどまるが、学校の怪談で語られるような怪異とネットロアで創作される怪異の対比は、今後より踏み込んだ分析の行われるべき問題と考える。

同様の観点から、「学校の怪談」と「掲示板・サイト」の回避方法の相違についても考えておこう。「返答」のように、怪異との込み入ったコミュニケーションの求められる事例は「学校の怪談」にはみられるが、「掲示板・サイト」には少ない。これも、「洒落怖」において求められるような怖さとは異質の次元にあるということだろう。込み入った要素はないが、しばしば年齢制限を伴う「忘却」も、子どもたちだからこそ恐れるべき内容であったと理解できる。そのように考えたとき、「学校の怪談」の「呪文」に少なくない数量見いだせる「嘘だとわかる呪文」にも改めて注目することができる。そのような事例の一つである「あぎょうさん」を示しておこう〔常光一九九三b　一五二〜一五四〕。

妖怪あぎょうさん

この話を読んだ人のところには、「あぎょうさん」という妖怪があらわれるかもしれません。

あぎょうさんは、学校の天井うらのようなくらい場所にひそんでいる老婆だといわれています。夕がたなど、ひとりで校内にいると、バサリと上からとびおりてきて、背中にだきつき、首すじをペロリペロリとなめるそうです。だきつかれても重くはないそうですが、クモのような黒い手でだきしめられ、耳もとで、

「あぎょうさん、さぎょうご、いかに。」

と、なぞめいたことばをはくのです。すぐにこのなぞをとけば、老婆はツルツルーと天井にあがっていきますが、とけないでいると、いつまでもペロリペロリとなめられて、やがて、ゲジッとするどい歯でかみつかれます。さて、なぞはとけたかな？

（まだわからないきみには、そっとヒントをおしえよう。「あぎょうさん」とはあ行の三番めの字のこと。そ

れと、さ行の五番めの字に注目してみよう。)

あ行の三番目は「う」、さ行の五番目は「そ」で、あぎょうさんの存在が「うそ」だとわかる仕掛けとなっている。オチで嘘だと明かす話は多く存在している。自己責任系怪談によって切実な恐怖に陥ったあと、知恵をしぼれば、または語り手からの種明かしによって、それが恐れるべきものではないことを知り、聞き手はホッと安堵する。また、この種の事例について、松山は「幽霊が現れるなどと聞き手を脅し、呪文に「ウソ」が隠れていることに気づかない様子を見て楽しむ」ものだと述べている〔松山 二〇〇四 一二二〕。『わたしのまわりの怪奇現象1000』ではオチで嘘だと明かす怪談を「お友だちに話してあげれば、きっとだませるよ」と紹介している〔マイバースディ編集部 一九九〇 一八七〕。その一方で、ホラー漫画雑誌『ハロウィン』の読者投稿では、怖い話のいやな気持ちを打ち消すための呪文として「アギョウサン、サギョウゴ」が紹介されている〔朝日ソノラマ 一九八八 一四四〕。

ここからは、子どもらしい言葉遊びとは別の問題も浮上する。あぎょうさんの事例ならずとも、怪談は、聞き手が怖がっている様子を見て楽しむ側面がある。怪談とは、怖がらせようという意思をもつ者と、怖がろうという意思をもつ者とのコミュニケーションのなかで成立するものである〔伊藤 二〇二三 一四〕。そのように考えてみると、自己責任系怪談とは、怖がる意思のない者を怖がらせようとするものか、怖がる意思をもっている者をより過剰に怖がらせようとするものであるともいえそうである。このことは、相手の表情を直接確認できる場で語られる怪談と、そうではない怪談の相違をも考えさせる。また、それを「聞く」のか「読む」のか、という問題も派生する。対面で怖い話を語り合う場でこの種の怪談が語られるとき、聞き手が怯えるあり方は、語り手にもリアルタイムで観察でき、かつ、それへの抗議も、対面のコミュニケーションのなかで行なわれる。学校などの場で児童・生徒らが対面で語り合う怪談の場と、インターネット上の怪談投稿の場では、怪談に対する参加者の構えも相違するだろう。そう考えてみると、「掲示板・サイト」に回避方法「なし」が目立つことは、相手と対面せずに怪談が語られていることと無関係ではないだろう。その一方、2ちゃんねるにおける「釣り師」の介在する怪談もこの問題と関わってくる。(14)

自己責任系怪談に怯える子どもたちの姿は、新聞記事に頼るのでなければ、個別に聞書きをかさねていくことでしか見えてこないかもしれない。他方、インターネット掲示板上では、自己責任系怪談へのリアクションも文字として記録される。インターネット上でもこうした怪談に怯える利用者の姿がある一方、それとは異なる反応もみられた。例えば、「裏返し」（資料2）である。(15)「裏返し」は、まず『裏返し』というスレッドに掲載され、『洒落怖』に転載された。『洒落怖』では一二九スレまでの間に、改編されながら一一回も転載されている。回避方法が「拡散」であることも関わっているであろうが、二〇〇〇年八月の初出から二〇〇六年五月の一二九スレにまで再掲されるのは、この事例が好まれていること、また有名であることの証拠と言えるだろう。

スレッド『裏返し』では、裏返しになって死ぬという異常な死に方と「裏返しだ！裏返しで死んでいる！」というインパクトのある叫びが話題になった。スレッド内で「裏返しだ！裏返しで死んでいる！」と叫ぶことで被害を逃れようとする者や、裏返しで死ぬことの定義について考察する者が多く現れ、一〇五三レス目まで消費され終了した。あえて「裏返し」と唱えずに生存報告をする者や、拡散の制限時間である二時間たった後に被害に遭ったことを示す書き込みをする者もいた。怯えている者も一定数いたが、リアルタイムで起きている怪異を楽しんでいる者も少なくなかった。このようなリアルタイムで事態の進行を楽しむ態度はネットロアに特有のものと考えられる。

これが転載された『洒落怖』内での反応は、専用スレッドとは異質であった。これに対する肯定的な意見はほぼ見られず、有名であるが故に飽きている者、矛盾点を指摘する者、「親びん、裏返しの容疑者を確保しました」(16)や「服が裏返しになって二人ともスッポンポンという状況を想像しました」(17)のように茶化す者も多かった。これを信じて「裏返しだ！」と唱える者もいたが、わずかであった。また、何もしなかったが被害に遭わなかったことを報告する者もいた。専用スレッドで見られた裏返しの定義に関する考察はわずかながら存在したが、考察する者にとっても否定的に捉えられている。怯えるだけではない、むしろ、それを批評し、否定する読み手たちの姿が垣間見える。

ひるがえって、コミュニケーションのなかで語られる「学校の怪談」としての自己責任系怪談に、子どもたちはただ怯えていただけなのだろうか。怖がらせようという意図が必ずしも成功しなかった様々な発話の場があったであろうことは想像に難くないが、そのような場に、民俗学の立場からどのように迫れるかは引き続き検討されねばならないだろう。

本章ではこれ以上踏み込まないが、聞き手・読み手の日常性を破壊する怪談は、話そのもののみならず、それによって発生するコミュニケーションを含めた、怪談が提示される場への関心を導く。本章で析出した自己責任系怪談の傾向の相違も、そのような怪談が提示される場の相違が刻印されているといえるだろう。

おわりに

本章では、自己責任系怪談を収集し、そこで語られる被害内容と回避方法について検討した。自己責任系怪談には、媒体を越えて共通する要素と、媒体によって相違する要素がある。前者については、それを聞いてしまった／読んでしまった者が怪異の訪問を受け、それによって命を奪われるものが多い。他方、媒体の相違が、自己責任系怪談の傾向の相違として現われているケースは「欠損」や「霊障」の偏在がそれにあたる。本章ではこれを利用者層の問題として踏み込んで考えた。

また、十分に検討することはできなかったが、自己責任系怪談が提示されるコミュニケーションの場に接近すべきことも指摘した。インターネット掲示板上では自己責任系怪談をなんの断りもなく読まされたことへの怒りが表明されることがある一方、恐れ怯えるだけではない人びとの態度も垣間見えた。

現在も自己責任系怪談は動画サイトやSNSのなかで新しく生まれ、流通している。自己責任系怪談は、依然として、人々を惑わせるものであり続けるだろう。私たちがそのように戸惑うあり方こそ、民俗学の興味の対象であると言えるのかもしれない。

注

（1）例えば、カシマさんは四肢の一部（あるいは全部）を欠損していることが多いが〔松山　二〇〇四　三八～三九〕、そうではないものも少なくない。顔や半身が焼けただれた姿というものもみられ〔松山　二〇〇四　一〇四〕、性別も女性のイメージが強いものの男女ともに存在する〔松山　二〇〇四　三三〜三四〕。「カシマ」という名前が人名ではなく地名や呪文として用いられることすらある〔松山　二〇〇四　四〇〕。

（2）本文中でも述べたように、「ヤマニシ系」とは、「自己責任」（資料1）という怪談を中心とした「ヤマニシさん」、「山の測量」などを含む関連性のある怪談の総称である。「ヤマニシ系」は読者参加型の怪談であり、それぞれの関連性について考察することで楽しまれている。

（3）「ヤマニシ系」という言葉は、二〇〇四年二月以前から存在する当該事例の考察サイトである「「自己責任」考察サイト（仮）」で使用されていたため、それ以前から存在していたと考えられる。

（4）以下「死ぬ程洒落にならない怖い話を集めてみない？」のスレッドは第〇〇スレと表記する。

（5）「死ぬほど洒落にならない恐い話を集めてみない？72」五二六レス目

https://hobby5.5ch.net/test/read.cgi/occult/1084381760/（最終閲覧日二〇二一年一二月一九日閲覧）

（6）「死ぬほど洒落にならない恐い話を集めてみない？71」三九八レス目

http://jbbs.shitaraba.net/bbs/read.cgi/computer/22553/1530948515/（最終閲覧日二〇二一年一二月一九日閲覧）

（7）例えば、『ダ・ヴィンチ』の次の記事の用例である。

「伝染る怪談――『きじまさんのはなし』」『ダ・ヴィンチ』二〇〇〇年九月号　KADOKAWA

（8）「洒落にならないくらい恐い話を集めてみない？Part28」九四五レス目

http://hobby2.2ch.net/test/read.cgi/occult/1045498016/（最終閲覧日二〇二一年一二月一八日閲覧）

（9）一般財団法人 日本データ通信協会「撃退チェーンメール」

https://www.dekyo.or.jp/soudan/chain/index.html（二〇二一年一二月一九日閲覧）

（10）例えば、久保孝夫の『女子高生が語る不思議な話』には「魔法の魔」というバージョンが紹介されている〔久保　一九九七〕。

（11）「洒落にならないくらい恐い話を集めてみない？Part29」七三九レス目

https://hobby2.5ch.net/test/read.cgi/occult/1046191657/（二〇二一年一二月一八日閲覧）

ニールセン株式会社「発言小町、月間一人当たり利用時間に注目」

https://www.netratings.co.jp/email_magazine/2008/09/NNR20080901.html（二〇二一年一二月一八日閲覧）

（12）「洒落にならないくらい恐い話を集めてみない?・」一レス目
https://piza.5ch.net/test/read.cgi/occult/965152644/（二〇二一年一二月一八日閲覧）

（13）「死ぬ程洒落にならない話集めてみない?・PART3!」七五二レス目
https://piza.5ch.net/test/read.cgi/occult/980780397/（二〇二一年一二月一八日）

（14）ネットロアにおける釣り師に注目したものとしては伊藤慈晃の議論がある〔伊藤　二〇二二〕。

（15）怪談名とスレッド名が同一であるため、「裏返し」のスレッド名は二重カギ括弧で表記する。

（16）「洒落にならないくらい恐い話を集めてみない?・Part23」六八六レス目
http://jbbs.shitaraba.net/bbs/read.cgi/computer/22553/1530948515/（二〇二一年一二月一八日閲覧）

（17）「洒落にならないくらい恐い話を集めてみない?・Part23」六八八レス目
ttp://jbbs.shitaraba.net/bbs/read.cgi/computer/22553/1530948515/（二〇二一年一二月一八日閲覧）

参考文献

・朝里樹　二〇一八『日本現代怪異事典』笠間書院
・朝日ソノラマ　一九八八『ハロウィン』一九八八年一二月号
・伊藤慈晃　二〇二二「オンライン空間の宗教的体験談における『釣り師』の戦略—『ひとりかくれんぼ』を対象に—」『世間話研究』二八
・伊藤龍平　二〇一六『ネットロア　ウェブ時代の「ハナシの伝承」』青弓社
・伊藤龍平　二〇二三『怪談の仕掛け』青弓社
・岩倉千春・大島廣志・高津美保子・常光徹・渡辺節子編　一九九九『幸福のEメール』白水社
・押見皓介　二〇二二「ネットロアで語られる場所をめぐる一考察—いわゆる『洒落怖』の実態把握を通して—」『常民文化』四五
・恐怖体験セミナー編　一九九一『きもだめしランド：午前0時からの本』青春出版社

・久保孝夫　一九九七『女子高生が語る不思議な話』青森県文芸協会出版部
・常光徹　一九九〇『学校の怪談』講談社
・常光徹　一九九一『学校の怪談』二　講談社
・常光徹　一九九三a『学校の怪談―口承文芸の諸相―』ミネルヴァ書房
・常光徹　一九九三b『学校の怪談』四　講談社
・常光徹　一九九五『みんなの学校の怪談　緑本』講談社
・原田宗典　一九九六『いろはに困惑倶楽部』文芸春秋
・廣田龍平　二〇二一「『死ぬ程洒落にならない怖い話を集めてみない？』略史」『怪と幽』七　KADOKAWA
・不思議な世界を考える会編　二〇〇四『怪異百物語』三　ポプラ社
・不思議な世界を考える会編　二〇〇七『怪異百物語』一〇　ポプラ社
・マイバースデイ編集部編　一九九〇『わたしのまわりの怪奇現象１０００』実業之日本社
・マイバースデイ編集部編　一九九三『わたしの学校の幽霊』実業之日本社
・松山ひろし　二〇〇四『カシマさんを追う』アールズ出版
・吉岡一志　二〇〇八「『学校の怪談』はいかに読まれているか―小学生のアンケートをもとに―」『子ども社会研究』一四
・吉岡一志　二〇一八「『妖怪』との出会いからみる『学校の怪談』の現代的意味」『山口県立大学学術情報』一一

◉資料1　自己責任

Message # 26 is from: *****

Time: 97/04/30 1:02:02 Category 8: フリートーク

Subj: 自己責任で読んでね

こんなん手に入れました。

マジでヤバイかも…ログ全部巡回して目を通してる*****さん注意（汗）

o(x_x)o ｶ?ｸｶ?ｸ

%%%%%%%%

あらかじめお断りしておきますが、この話を読まれたことでその後何が起きても保証しかねます。

＊自己責任の下で読んで下さい。

＊保証、責任は一切持ちません。

5年前、私が中学だった頃、一人の友達を亡くしました。

表向きの原因は精神病でしたが、実際はある奴等に憑依されたからです。

私にとっては忘れてしまいたい記憶の一つですが、先日古い友人と話す機会があり、あのときのことをまざまざと思い出してしまいました。

ここで、文章にすることで少し客観的になり恐怖を忘れられると思いますので、綴ります。

私たち、（A・B・C・D・私）は、皆家業を継ぐことになっていて、高校受験組を横目に暇を持て余していました。

学校も、私たちがサボったりするのは、受験組の邪魔にならなくていいと考えていたので、体育祭後は朝学校に出て来さえすれば後は抜け出しても滅多に怒られることはありませんでした。

ある日、友人A&Bが、近所の屋敷の話を聞いてきました。改築したばかりの家が、持ち主が首を吊って自殺して一家は離散、空き家になってるというのです。

サボった後のたまり場の確保に苦労していた私たちは、そこなら酒タバコが思う存分できると考え、翌日すぐに昼から学校を抜けて行きました。

外から様子のわからないような、とても立派なお屋敷で、こんなところに入っていいのか、少しびびりましたが、ABは「大丈夫」を連発しながらどんどん中に入って行きます。

既に調べを付けていたのか、勝手口が空いていました。書斎のような所に入り、窓から顔を出さないようにして、ここぞこそ酒盛りを始めました。

でも大声が出せないのですぐに飽きてきて、5人で家捜しを始めました。すぐCが「あれ何や」と、今いる部屋の壁の上の方に気が付きました。

壁の上部に、学校の音楽室や体育館の放送室のような感じの小さな窓が二つついているのです。「こっちも部屋か」よく見ると壁のこちら側にはドアがあって、ドアは、こちら側からは本棚で塞がれていました。肩車すると、左上の方の窓は手で開きました。

今思うと、その窓から若干悪臭が漂っていることにそのとき疑問を持つべきでした。

それでもそのときの、こっそり酒を飲みたいという願望には勝てず、無理矢理窓から部屋に入りました。

部屋はカビホコリと饐えたような臭いが漂っています。雨漏りしているのかじめっとしていました。

部屋は音楽室と言えるようなものではありませんでしたが、壁に手作りで防音材のようなものが貼ってあり、その上から壁紙が貼ってあることはわかりました。湿気で壁紙はカピカピになっていました。部屋の中はとりたてて調度品もなく、質素なつくりでしたが、小さな机が隅に置かれており、その上に、真っ黒に塗りつぶされた写真が、大きな枠の写真入れに入ってました。

「なんやこれ、気持ち悪い」と言って友人Aが写真入れを手にとって、持ち上げた瞬間、額裏から一枚の紙が落ち、その中から束になった髪の毛がバサバサ出てきました。紙は御札でした。

みんな、ヤバと思って声も出せませんでした。

顔面蒼白のAを見てBが急いで出ようと言い、逃げるようにBが窓によじ登ったとき、そっちの壁紙全部がフワッとはがれました。

写真の裏から出てきたのと同じ御札が、壁一面に貼ってありました。「何やこれ」酒に弱いCはその場でウッと反吐しそうになりました。「やばいてやばいて」「吐いてる場合か急げ」

よじのぼるBの尻を私とDでぐいぐい押し上げました。何がなんだかわけがわかりませんでした。後ろではだれかが「いーーー、いーーー」と声を出しています。きっとAです。祟られたのです。恐ろしくて振り返ることもできませんでした。無我夢中でよじのぼって、反対側の部屋に飛び降りました。

Dも出てきて、部屋側から鈍いCを引っ張り出そうとすると、「イタイタ」Cが叫びます「引っ張んな足！」部屋の向こうではAらしき声がわんわん変な音で呻いています。Cはよほどすごい勢いでもがいているのか、Cの足がこっちの壁を蹴る音がずんずんしました。

「B！　かんぬっさん連れて来い！」後ろ向きにDが叫びました。「なんかAに憑いとる、裏行って神社のかんぬっさん連れて来いて！」

Bが縁側から裸足でダッシュしていき、私たちは窓からCを引き抜きました。

「足！　足！」「痛いか？」

「痛うはないけどなんか噛まれた」見るとCの靴下のかかとの部分は丸ごと何かに食いつかれたように、丸く歯形がついて唾液で濡れています。相変わらず中からはAの声がしますが、怖くて私たちは窓から中を見ることができませんでした。

「あいつ俺に祟らんかなぁ」

「祟るてなんやAはまだ生きとるんぞ」

「出てくるときめちゃくちゃ蹴ってきた」

「しらー！」縁側からトレーナー姿の神主さんが真青な顔して入ってきました。「ぬしら何か！　何しよるんか！　馬鹿者が！」一緒に入ってきたBはもう涙と鼻水でぐじょぐじょの顔になっていました。

「ええからお前らは帰れ、こっちから出て神社の裏から社務所入ってヨリエさんに見てもらえ、あとおい！」といきなり私を捕まえ、後ろ手にひねり上げられました。後ろで何かザキっと音がしました。

「よし行け」そのままドンと背中を押されて私たちは、わけのわからないまま走りました。

それから裏の山に上がって、神社の社務所に行くと、中年の小さいおばさんが、白い服を着て待っていました。めちゃめちゃ怒られたような気もしますが、
それから後は逃げた安堵感でよく覚えていません。

それから、Aが学校に来なくなりました。私の家の親が神社から呼ばれたことも何回かありましたが、詳しい話は何もしてくれませんでした。ただ山の裏には絶対行くなとは、言われました。

私たちも、あんな恐ろしい目に遭ったので、山など行くはずもなく、学校の中でも小さくなって過ごしていました。期末試験が終わった日、生活指導の先生から呼ばれました。今までの積み重ねまとめて大目玉かな、殴られ

るなこら、と覚悟して進路室に行くと、私の他にもBとDが座っています。神主さんも来ていました。生活指導の先生などいません。私が入ってくるなり神主さんが言いました。

「あんなぁ、Cが死んだんよ」

信じられませんでした。Cが昨日学校に来ていなかったこともそのとき知りました。「学校さぼって、こっちに括っとるAの様子を見にきよったんよ。病院の見舞いじゃないとやけん危ないってわかりそうなもんやけどね。裏の格子から座敷のぞいた瞬間にものすごい声出して、倒れよった。駆けつけたときには白目むいて虫の息だった」

Cが死んだのにそんな言い方ないだろうと思ってちょっと口答えしそうになりましたが、神主さんは真剣な目で私たちの方を見ていました。「ええか、Aはもうおらんと思え。Cのことも絶対今から忘れろ。アレは目が見えんけん、自分の事を知らん奴の所には憑きには来ん。アレのことを覚えとる奴がおったら、何年かかってもアレはそいつのところに来る。来たら憑かれて死ぬんぞ。

それと後ろ髪は伸ばすなよ。もしアレに会って逃げたとき、アレは最初に髪を引っ張るけんな」

それだけ聞かされると、私たちは重い気持ちで進路室を出ました。

あのとき神主さんは私の伸ばしていた後ろ毛をハサミで切ったのです。何かのまじない程度に思っていましたが、まじないどころではありませんでした。

帰るその足で床屋に行き、丸坊主にしてもらいました。
＊自己責任で喚んでください
＊自己責任で喚んでください
卒業して家業を継ぐという話は、その時から諦めなければいけませんでした。その後私たちはバラバラの県で進

路につき、絶対に顔を合わせないようにしよう、もし会っても他人のふりをすることにしなければなりませんでした。

私は、1年遅れて隣県の高校に入ることができ、過去を忘れて自分の生活に没頭しました。髪は短く刈りました。しかし、床屋で「坊主」を頼むたび、私は神主さんの話を思い出していました。今日来るか、明日来るか、と思いながら、長い3年が過ぎました。

その後、さらに浪人して、他県の大学に入ることができました。しかし、少し気を許して盆に帰省したのがいけませんでした。もともと私はおじいちゃん子で、祖父はその年の正月に亡くなっていました。急のことだったのですが、せめて初盆くらいは帰ってこんか、と、電話で両親も言っていました。それがいけませんでした。

駅の売店で新聞を買おうと寄ったのですが、中学時代の彼女が売り子でした。彼女は私を見るなりボロボロと泣き出して、BとDがそれぞれ死んだことをまくし立てました。

Bは卒業後まもなく、下宿の自室に閉じこもって首をくくったそうです。部屋は雨戸とカーテンが閉められ、部屋じゅうの扉という扉を封印し、さらに自分の髪の毛をその上から一本一本几帳面に張り付けていたということでした。鑞《ロウ》で自分の耳と瞼に封をしようとした痕があったが、最後までそれをやらずに自害したという話でした。

Dは17の夏に四国まで逃げたそうですが、松山の近郊の町で、パンツ1枚でケタケタ笑いながら歩いているのを見つかったそうです。Dの後頭部は鳥がむしったように髪の毛が抜かれていました。Dの瞼は、閉じるのではなく、絶対閉じないようにと自らナイフで切り取ろうとした痕があったそうです。

このときほど中学時代の人間関係を呪ったことはありません。

BとDの末路など、今の私にはどうでもいい話でした。つまり、アレを覚えているのは私一人しか残っていないと、気づかされてしまったのです。
＊自己責任＊
胸が強く締め付けられるような感覚で家に帰り着くと、家には誰もいませんでした。後で知ったことですが、私の地方は忌廻しと云って、特に強い忌み事のあった家は、本家であっても初盆を奈良の寺で行うという風習があったのです。

私は連れてこられたのでした。
＊自己責任＊
それから3日、私は9度以上の熱が続き、実家で寝込まなければなりませんでした。このとき、私は死を覚悟しました。仏間に布団を敷き、なるだけ白い服を着て、水を飲みながら寝ていました。

3日目の夜明けの晩、夢にAが立ちました。Aは骨と皮の姿になり、黒ずんで、白目でした。

「お前一人やな」「うん」

「お前もこっち来てくれよ」「いやじゃ」

「Cが会いたがっとるぞ」

「いやじゃ」

「おまえ来んとCは毎日リンチじゃ。逆さ吊りで口に靴下詰めて蹴り上げられよるぞ、かわいそうやろ」

「うそつけ。地獄がそんな甘いわけないやろ」

「ははは地獄か地獄ちゅうのはなぁ」

そこで目を覚ましました。自分の息の音で喉がヒイヒイ音を立てていました。枕元を見ると、祖父の位牌にヒビが入っていました。

＊自己ノ責任ニ負イテ＊

私は、考えました。アレの話を私と同じように多くの人に話せば、アレが私を探し当て、私が憑依される確率は下がるのではないか。

ここまでの長文たいへん失礼しましたが、おおざっぱな書き方では読んだ方の記憶に残らないと思ったのです。読んだ方は、申し訳ないのですが犬に噛まれたとでも思ってください。ご自分の生存確率を上げたければこの文章を少しでも多くの方の目に晒すことをおすすめします。

（「死ぬ程洒落にならない話を集めてみない？」PART13）

◉資料2　裏返し

最初にお願いと注意を。

この文章を読む前に、身近なところに時計があるかどうか確認してもらいたい。

十分、二十分が命取りになりかねないので。では……

先月、高校時代の友人がポックリ病で逝ってしまい、通夜の席で十数年ぶりに集まった同級生の、誰からともなく「そのうち皆で呑もうなんていってるうちに、もう3人も死んじまった。本気で来月あたり集まって呑もうよ」という話になった。言い出しっぺのAという男が幹事になって話しは進行中だが、なかなか全員（男5、女3）のスケジュール調整がつかない。今年の夏はくそ暑いし、9月に入ってからにしようかと、幹事のAと今昼飯をいっしょに食べながら話し合った。そのときビールなんか呑んだのが、間違いだった。Aが、ふと言わなくてもいいことをつい口に出し、おれは酔った勢いで、それに突っ込んだ。それは先月死んだ友人に先立つこと十年、学生時代に死んだBとCのカップルのことだった。

長すぎる書き込みはハネられるようなので、ここで一旦切る。

十年前AはB（男）の家（一人暮らしのアパート）で、Cと三人で酒を呑んだ。直後、BCは交通事故で死亡。Bの酔っ払い運転による事故という惨事だった。Aはその事故の第一発見者でもある。おれは、2ちゃんねるのことをAに説明し、事故の第一発見者のスレッドに書き込めと、悪趣味な提案をしたのだ。すると、Aはたちまちにして顔面蒼白となり「冗談じゃない！」と本気で怒り出した。おれは、いささか鼻白み「むきになんなよ」と言い返したが、Aの怒りは収まらず「じゃあ、あのときの話を聞かせてやるが、後悔するなよ」と言って、恐ろしい早口で話し出したのだ。

一旦切る。

Aのはなし
おれ（A）がBCと呑んでいたとき、D先輩がいきなりBのアパートを訪ねてきた。

顔面真っ青で、突然「おまえ等、裏返しの話を知ってるか」と話し出した。そのときおれは、酒を買い足しにいこうとしたときだった。Dさんが止める様子もないので、缶酎ハイを買いに出て、十五分ばかり中座した。部屋に戻ると、Dさんは大分くつろいだ様子で、おれが買ってきた酎ハイを喉を鳴らして一気に呑んだ。「なんの話だったんですか？」「だから裏返しだよ」「裏返し？」「裏返しになって死んだ死体見たことあるか？」「……いいえ。なんですか、それ？」「靴下みたいに、一瞬にして裏返しになって死ぬんだよ」「まさか。なんで、そんなことになるんですか？」先輩は、くっくと喉を鳴らして笑った。

一旦切る。

Aのはなし2
「この話を聞いて、二時間以内に、他の人間にこの話をしないと、そういう目にあうんだ」

「不幸の手紙ですか？」

おれは本気にしたわけではないが、聞き返した。今なら「リング」ですか？　と言うところか。

「なんとでも言え。とにかく、おれはもう大丈夫だ。もさもさしてないで、おまえ等も話しにいった方がいいぞ」

なにか白けた感じになったが、買い足してきた分の酎ハイを呑み干して、宴会はお開きになった。先輩はバイクで去り、ＢＣはＢのサニーに乗った。スタートした直後、サニーは電柱に衝突した。

一旦切る。

Ａのはなし３
呑み過ぎたのかと思い、すぐに駆け寄ってみると、ＢＣは血まみれになっていた。そんな大事故には見えなかったので、おれは少なからず驚いた。いや、もっと驚いたのは二人がマッパだったってことだ。カーセックスなんて言葉も浮かんだが、そうでないことはすぐに分った。二人は、完全に裏返しになっていたのだ。おれは大声で叫んだ。「裏返しだ!裏返しで死んでる!」すぐに人が集まってきて、現場を覗き込んで、おれと同じ言葉を繰り返した。だから、皆助かったのだろう。

一旦切る。

Ａは逃げるように帰って言った。おれはこんな話むろん信じないが、一応このスレッドを立てて、予防しておく。後は、15：30分までに誰かが読んでくれればいいのだ。

３は肝心な部分を読んでいないのでカウントできない。読んだ方。一応後何時間あるか、時計でご確認を……

（「死ぬ程洒落にならない話を集めてみない？」Part12）

◉資料3　店長さんの話

あるコンビニエンスストアで、アルバイトをしている大学生が、店内の清掃中に、ふるい新聞を見つけました。

ぐうぜん、「登山者五人、牛鬼山でなぞの死」と印刷された大きな見出しが目にはいり、なにげなく読んでいました。

そこに、店長のEさんがやってきて、

「その五人の中には、おれもはいっているんだ。」

といって、つぎのような話をしはじめました。

十数年まえ、山のすきななかま五人で、牛鬼山にのぼったそうです。

ところが、とちゅうで道にまよってしまいました。さんざん、さまよい歩いたあげく、ようやくそまつな山小屋を発見しました。

一夜をあかす場所が見つかったので、みんなひと安心しました。

その夜のことです。十二時ごろ、Aさんが、

「ちょっと、トイレにいってくる。」

といって外にでたまま、いつまでももどってきません。心配したBさんが、

「ようすを見てくるよ。」

といって小屋をでました。

ところがBさんもなかなかもどってきません。心配していると、遠くのほうから、ウォーッという悲鳴が聞こえてきました。

「なにかあったな。」

Cさんと Dさんが、顔色をかえてでてきました。しかし、このふたりも、それっきり山小屋にはもどってきませんでした。

ひとりのこったEさんは、横になって目をとじたまま、ガクガクとふるえていました。

そのうち、ふっと人の気配のようなものを感じて、目をあけました。

オノをふりあげた大男が、いまにもおそいかからんばかりのかっこうで、Eさんをのぞきこむように、にらみつけていました。

Eさんは、恐怖でからだがひきつりました。心の中で、

「たすけてー。」

とさけぶと、そのまま気絶しました。

翌朝、気がついたときには、大男のすがたはありませんでした。

すぐに山小屋をでましたが、下山の道がわからないまま、二日間山中をさまよって、やっと人里にでました。

そこで見た新聞には、Eさんもふくめた五人が死亡と書かれてあったということです。

ところで、Eさんのこの話を知ってしまった人には、一週間以内に、オノをふりかざした大男があらわれるそうです。

どうか、あなたも気をつけてください。一週間以内にすがたを見せなければだいじょうぶですが、もしあらわれたときには、ただひたすらだまっていることです。

まんいち、声をあげると、オノをふりおろしてくるかもしれません。

〔常光　一九九一〕

◉資料4　足売り婆さん

話の舞台は岡山県。

ある日の早朝、河川敷で男の変死体が見つかった。

俺の先輩は、その事を新聞で見て知ったんだよ。

そして被害者の顔写真を見たときといったら、血の気が引く思いだったらしい。

そいつは今から俺が話す、「足売り婆さんの話」を聞いたやつだったんだ。。。

名前はM、気の弱い野郎だったそうだ。

そして更に先輩を驚かせてしまったことがある。

その死体の右足がなくなってたことだ。

話はその事件から3ヶ月前の夏。

先輩は部活の合宿中で、被害者Mを含めた連中と麻雀をしてたんだ。

そしてだんだんと夜もふけていった。部活の合宿てのはいつも定番で、誰かが怖い話を始めちまう。

それで、何人かが、怪談話を話し出したそうだ。

先輩の友達が話し終わると、今度は先輩にまわってきたんだ。

「俺は話してもいいけど、これ聞いて何が起こってもまじ責任取らんぞ。いやいや、マジで!!」

先輩は、そう言い切ったんだな。

そんな事言われたら、みんな結構怖気づいちまった。

でも男が馬鹿にされてたまるかってもんで、やせ我慢で聞き始めたそうだ。

先輩は全員の顔を見回してから、その「足売り婆さんの話」を話し始めたんだ。。。

「これは俺の夢の中の話だ。俺はその日、ぐっすり眠っていた。。。。。。。。。。」

先輩が夢の中の河原にいると、土くれ色の着物を着た婆さんが出て来たそうだ。

その婆さんは河原にしゃがみこんで、何かを探している様子だったんだと。

小石を一枚ずつ裏返している。

ちょっと気になった先輩はその婆さんに近寄ってみた。

婆さんは、まだ石を裏返すのに必死で先輩に気づいていない様子だったそうだ。

「あの。。。。。。お婆ちゃん、こんなとこで何してるわけ?」

先輩がそう聞いたら婆さんはうつむいたまま、

「わしのな。。。。。。。わしの目玉を探しとるんじゃよ。。。。。。。」

と言うのだ。

そして、ふとその婆さんが先輩の顔を見上げると。。。。。。。。なるほど、確かにその老婆の目の中は空洞だ。

目玉がない。

先輩は息を飲んだ。

そして、婆さんはこう言ったそうだ。

「坊や。。。。。。。スマンがあんたも探してくれるかェ。。。。。。なんとも不自由でのぅ。。。。。。。。」

先輩はとても不気味に思った。

逃げ出したかった。

でも仕方なく婆さんと同じように目玉を探してやったそうだ。

しかし、いくら探しても目玉は出てこない。。。。。。。

そしたら、婆さんがポツリともらしたんだと。

「なぁ。。。。。。。　坊やがもし目玉を見つけれんかったら、アンさんの右足もらえるかエ？　わしが、それを売るけぇ。。。。。。。」

と、わけのわからん事を言い出したというんだ。

先輩はものすごい恐怖を覚えて、そこから逃げようとした。

すると婆さんが、

「逃げれんちゃよぉ。。。。。。。　アンさん、それとも、足、くれるかのぅ。。。。。。。」

先輩は仕方なく、もう一度うずくまって、必死に目玉を探したそうだ。

そうしながら、チラリと婆さんの方を見た。

そしたら空洞の目でこちらをジーっと見ながら、ニタニタ笑ってたそうだ。

「ワアアアアァーー！！！」

先輩は無我夢中で地面を掘り続けた。

そしたら二つの目玉が出てきたんだ。

先輩はホッとした。

そして気味の悪いのも忘れちまって、その目玉をニュっと摑んで婆さんに手渡したんだって。

そしたら婆さんは
「おお、ようやったようやった。。。。。。。　すまないのう。。。。。。」

と感謝の言葉をはいた。

しかし、明らかにその顔は残念そうに見えたそうだ。。。。

その証拠に、先輩がその場を後にしようとしたとき、後ろでボソっとこうつぶやていたらしい。。。。。。。

「もうちょっとだったのにのう。。。。。。。」

そしてその声を聞きながら、先輩は目が覚めたそうだ。

先輩は息をのんで見守る周りの友人達に向かって、さらにこう付け足した。

「最後に、言っておきたいことがあるんだけど。。。。。。

今俺が話してる話を聞いたらさ、その夜必ずこの婆さんの夢を見るんだよね。。。。。。。

実際、俺もこの話は人から聞いたんだよ。

そしてこの夢を見たってわけ。

でも、もしその婆さんの目玉を見つけられなかったとき、いったいどうなっちまうのか、それはわからないんだ」

この先輩の話を最後にして、怪談話は終わった。

時間は午前3時をまわっていたそうだ。

みんな、寝る前に嫌な話を聞いちまったなぁなんて口にしながら、それでもそれぞれ自分の布団に潜り込んでいったらしい。

ところがMは寝るのが怖くて夜を明かそうとしたんだよ。だけど練習の疲れもあり、結局明け方に眠ってしまったんだ。。。。。。

ここからはその時Mが見た夢の話だ。

Mは、夢の中ですぐに自分が河原に立っていることに気づいたんだと。

そして、それは夢の中のはずなのに変に現実感があったそうだ。

やはりその老婆は何かを探していた。

逃げたかったが目玉が見つけられないと大変だと思ったので、その老婆に話しかけた。

やはり目玉を探していると言ったそうだ。

先輩の話では、先輩一人に目玉を探させて、それをジーっと見てるだけだったそうだが、Mの場合は違った。

なんと邪魔をしてくるというのだ。

必死に河原を掘っているのに、土をかけて埋めてしまう。

そして急のMの顔を覗き込んだりしたそうだ。

そしてとうとう、Mは目玉を見つけるこが《ママ》できなかったんだって。

そこで目が覚めたそうだ。。。。。

というより、起こされたんだ。

合宿の最中だったからな。

朝のトレーニング時間が来たんだ。

まずMは自分をお《ママ》起こした新入生にすごく怒って、次にすごく不安そうな顔で、目玉を見つける前に起きてしまったと先輩に話したんだ。

先輩は笑って、

「そんなの真に受けてどうすんだよ、どうせ作り話だってぇ。お前があんまり気にするから夢に見ちまっただけだよ。ただの偶然だよ」

と、言ってやったそうだ。

ところが、それから3ヶ月、Mは右足のない変死体であがったんだよな。。。。。。。」

実は俺もさ、先輩の話を聞いてから例の夢を見たんだけどね、婆さんの目玉を見つけられなかったんだよナ。。。。。。。。

ヤバイよ、ぜったいヤバイよ、これは！。。。。。。。

（「死ぬほど洒落にならない恐い話集めてみない？」62）

◉資料5　足取りジジィ

夜、足を出してねていると、どこからともなく足とりジジイがやってきて「足をくれー。」といって、足をとっていくそうです。この話をきいた人は風が強い夜に足を出さないようにねてください。忘れたころに足とりジジイはやってきます。

〔常光　一九九五〕

◉資料6　火竜そば

東京のある大学には「きいてはいけない話」があります。もし、この話をきいてしまったら、けっしてほかの人に話してはいけないといわれています。その話というのは……。

ある日、大学の実験室が火事になりました。まったく火の気のない実験室が、見るまに燃えあがったというので、大さわぎになりました。

ところが、火事のおきるすこしまえ、どこからともなく竜があらわれて火をふいているのを、ぐうぜん山本君という学生が目撃していたのです。この火事の消火にあたった山本君は、炎にまかれ大やけどをしました。

「きいてはいけない話」というのは、ただこれだけのことなのです。というのは……。

つぎの日、山本君は目撃した竜のことを友人の黒川君に話しました。すると、その晩、黒川君のアパートが火事になり、やはり火をふく竜があらわれました。

この事実を、黒川君が友人の石田君に話したところ、石田君もその夜竜を目撃し、間もなく火事にみまわれました。

不吉なことに、この話をきいた人の家が、つぎつぎと燃えあがったのです。「きいてはいけない話」としておそれられている理由がわかったでしょうか。

ところで、あなたもこの話を知ってしまった一人なのです。今夜あたり、あなたの家に竜がすがたをあらわすかもしれません。

でも、火事からのがれられる方法がひとつだけあります。それは、竜のすがたを見たとき、

「火竜そば、火竜そば、火竜そば。」

と十三回くりかえしていうのです。竜はたちどころに消えうせてしまうでしょう。

（「火竜そば」とくりかえしていっていると、いつのまにか「うそばかり」となってしまうことがわかるはずです。）

〔常光　一九九〇〕

◉資料7　ノック

友人Aがある雪の降る日に受験勉強をしていました。

Aは当時高校3年生で1月のある晩だということでした。

夜も更けてきた頃、窓の外からノックする音が聞こえます。

「コン、コン、コン。」

3回です。

特に何も考えなかったAはそのまま窓をノックしかえします。

「コン、コン、コン。」

Aの部屋は2階です。窓の外にはベランダもありません。

雪の降る夜、そんなところにいる人もいるはずもありません。

しかし、Aは何も考えずにそのまま勉強に戻りました。

その時、Aはあることを思い出しました。

数日前にAが友人Nから聞いた話でした。

N談：

この話を聞いた人間に必ず降りかかる。聞きたいなら聞くな。

おまえが、一人きりになった時。必ず一人きりになったときに「それ」は来る。

人間がいるはずもないドア、例えばベランダのない4階の窓、一人暮らしのワンルームマンションのトイレ、から聞こえるんだ。

「コン、コン、コン。」というノックの音。

必ず3回なんだよ。

それを聞いたものは恐怖は覚えない。なぜなのか分からないけれど「恐い」という感覚はないらしい。

けれど、ここからが大事だんだ《ママ》。

そのノックを聞いたら必ずノックされた回数だけノックされたドアを叩け。

それが冷蔵庫のドアでも必ずな。

オイ、「間違えたら起きられない夢」と一緒にするなよ。

叩かなかったらおまえに親しい誰かに不幸が降りかかる事になる。とても親しく、大切な誰かに、だ。

実際、オレにも来た。

重要なのは、「ノックされたら同じ回数だけノックし返す事」だ。それだけでいいんだ。

さっきも言ったけれど、その瞬間にはおまえには恐怖はない。さらに、どんな騒音にも負けないリアリティでその音は聞こえるらしい。

オレの時は3回だったし、確かに恐くなかった。

でもな、オレの友達のGにも来たときのことなんだ。

Gはノックしなかった。

オレの話を思い出してノックしなかったらどうなるか試してみたらしいんだ。

確かに、Gの時にもあり得ないところからノックされたらしい。

数日経った後、親戚からの電話で祖父が亡くなったとのことだ。

Gも悔やんだけれど、オレ（N）も悔やんだよ。

ここまでが私がAから聞いた話です。

ここまでなら「なに作ってんだよ、バ～カ！」ですまされるです《ママ》が、ここからは私の体験談です。

話を聞いたのは大学のサークル合宿という絶好のシチュエーションでした。

もちろんそれまで酒を飲んでいたため酔っ払っていて、Aの話が終わった後の2・3本の怪談を聞くと無性に眠くなり隣の部屋に行き横になっていました。

しかし、ここはサークル合宿、当時3年生だった私はさすがにそのまま寝るわけにもいかず、後輩が気を使って来るのを待っていました。

案の定しばらく横になっていると引き戸をノックする音が聞こえます。先ほどAの話を聞いたばかりなので絶対誰かが私を騙そうとしていると思い、ダッシュで戸を開きました。そこには間抜けな面をした後輩（男）が立っていました。

ここまでなら笑い話で済みます。

みなさんの期待通り、その後、窓の外からノックされました。恐怖心は全くありませんでした。

もちろん、その後、同じ話を聞いた仲間からはバカにされました。

後日談ですが、話を聞いた8人のうち5人がノックを聞いています。

皆さん、怖がらずにノックしてください。


（「死ぬ程洒落にならない話集めてみない？」PART3！）

◉資料8　悪夢
先に言っておきますがこの話は呪われているのかもしれません。

一週間以内に云々とか、そういう回避方法は無いので呪われるのが怖い人は読まない方が身の為かと思います。

一ヶ月程前のことです。友人が最近おかしな夢をよく見ると言いました。

なんでも、知らない女の人が暗い森の中を一人で歩いていて、
あちこちの木の枝にはたくさんの首吊り死体がぶら下がっているんだそうです。

腐りかけたのもあり、新しいのもあり、その気持ちの悪い首吊り死体の下を女の人は身じろぎもせずひたすらまっすぐ歩くのだそうです。

友人は同じ夢を頻繁に見たそうです。

そして、何度目かに見たとき、その女性は椅子の上に乗ってこれから

首を吊ろうとしている人の目の前で立ち止まりました。
友人はその人の顔を見て心臓が飛び出るほどビックリしたそうです。
それは彼自身でした。
彼は足元の椅子を蹴ることを躊躇していましたが、その女の人は
「手伝ってあげる」
と言って椅子を取り上げました。
彼の両足が空中に投げ出される瞬間で夢が覚めたそうです。
そしてそれっきりその夢は見なかったそうです。
その友人が、つい先週、自動車事故で亡くなりました。
あまりに因縁めいた出来事で、気味の悪い話ですが、
単なる偶然と言ってしまえばそれまでなのかもしれません。
ただ彼の亡くなった夜、つまり、彼の死を知らされる前日の夜、
私は彼が言っていたのと非常に良く似た夢を見ました。
暗く鬱蒼とした森の中を白いワンピースを着た女の子が歩いているのですが、
木の枝からたくさんの首吊り死体がぶら下がっているのです。
そのなかに友人の遺体もありました。
その後も何度か同じ夢を見ました。
実はもう三日も寝ていません。夢を見るのが怖いからです。

（「洒落にならないくらい恐い話を集めてみない？」Ｐａｒｔ29）

第四章　ネットロアにおける類例発生のあり方

――くねくねを事例として

押見皓介

はじめに

本章では、インターネット掲示板「2ちゃんねる」を中心にネット上で発生し広まっていった怪談「くねくね」とそれに関連づけられる一連の話を対象とし、ネット上で話が展開し派生していく様相を明らかにする。すなわち、流通する話を単独の完結した話としてではなく、特定の要素によって関連づけられる話の集合体とみる視点から、ネットロアという概念を捉え返すことを試みる。流通する話は、個々が独立したものとして語られるのみではなく、それ以前から語られている話に追従してよく似た話が語られたり、他の話が後から関連づけられたりすることで、「〇〇についての話」という集合性を発現させる。そしてそれらの話の集積をふまえて更なる話が登場していくのである。そういった話と話の関連性や、結びつきを形成するコミュニケーションの様相を分析することは、話を流通させる諸々の働きを明らかにする手がかりとなるだろう。

本章では、電子掲示板やBBSなどと呼ばれる形式のコミュニケーションを目的としたウェブサイトを「掲示板」と表記する。2ちゃんねるというウェブサイトは二〇一七年以降「5ちゃんねる」へと名称が変更されているが、本論ではそれ以前の時期のことも扱っており、混乱を避けるため、いずれの時期のことに言及する際にも2ちゃんねるの名称を使用する。また、文中で引用する、または事例として参照するウェブサイト上の文章は、文字に関しては誤字や誤変換があっても原文ママとして紹介する。ただし改行や行頭空けについては紙面の都合上調整する。複数回に分けられた書き込みの場合は、書き込みと書き込みの間を一行空けることで示す。

一、先行研究の整理と問題の所在

(1) 先行研究の整理

民俗学における口承文芸研究、特に世間話研究の分野では、それらを「疑似的な声」と捉える立場から〔飯倉　二〇一七　二三二〕、ネット上で流通する言説を現代の話として分析するものが出現している。

ネット上に流通する話（ネットロア）の性質については伊藤龍平が広範な分析を行っているほか〔伊藤　二〇一六〕、個別の事例については、ネット上で始まった怪談と口承やマスメディアによって広まった都市伝説を比較した古山美香〔古山　二〇一八〕、動画共有サイトに投稿された話が学校という現実の場で話題にされている状況を報告した永島大輝の研究などがある〔永島　二〇一九〕。

このようにネットロアに関する研究は出現しつつある一方で、飯倉はその研究動向を「散発的な動きにとどまっている」と評価する〔飯倉　二〇一七　二一三〕。この原因として飯倉は、口承文芸が民俗学のみならず、説話や芸能などを主軸としてきた文学研究と協働して研究されてきたことに言及している。昔話や民謡といった研究対象を通じて国文学分野と相互に成果を参照しあう流れの中で、口承文芸では話型や類型といった視点での分析が中心的な手法となっていった。その結果としてそれらの手法に適さない散発的な話、短い話が取りこぼされていたと述べられている〔飯倉　二〇一七　二一四〕。そしてネット上に流通する話の多くはそういった散発的な話であるために、口承文芸研究が「疑似的な声」として語られるネット上の話を十分に扱えていないというのが飯倉の指摘である。これと同様の指摘は廣田龍平も行っている。廣田はネットロア「くねくね」を「多様な関係性に基づいて同時的・臨時的に複数のページを行き来し、複数のウェブサイトにまで広がっていく文字列と出来事の連鎖だった」と述べ、一つのウェブページに留まるものではないと指摘している〔廣田　二〇二二　二九二〕。つまり、ネット上の話とは単独の話のみを見て分析できるものではないと言える。

以上の先行研究をふまえ、次項では問題の所在を明らかにし、本論の目的となる話の集合体としてのネットロアについて述べる。

（2）問題の所在

前項で示した通り、ネットロアに関する研究の多くは個々の事例を独立したものとして分析している。例えば、伊藤は『ネットロア』の第一章及び第二章で「くねくね」を取り扱っているが、そこで紹介されている事例は、最初期に投稿されたもののみである〔伊藤　二〇一六〕。その「最初期に投稿された話」が人気となり、話題として展開していったのは確かである。しかし、その過程で出現していった数々の話には目が向けられていない。既存の口承文芸研究では、類話や派生形などを対象に含んだ研究も盛んであるのは言うまでもない。ところがネットロアにおいては有名な話や知られるようになったきっかけとなった話に焦点が当てられがちである。この要因については後ほど触れるが、恐らくコピーアンドペースト（コピペ）や検索といった機械的な機能によるところが大きいかと推測する。これらの機能により、人気のある話を後から知ることが容易であるためではないかと考えられる。ネット上に流通するものに限ったことではないが、話は、それを発話する（ネット上であれば投稿する）人物がそれまでに見聞きした話やその場で先に登場した話などの影響を受けている。また、話の展開や要素などから、話の聞き手や読み手によって、別の話が関連性のある話や同系統の話として認識されることもある。話同士が結びつけられることで類例が生まれ、また伝播していく。そういった話の関係性を明らかにするためには単体で完結する話のみではなく、話に対する感想や意見も含めたあらゆる言説に目を向けることが必要だろう。特にネット上のテクストの場合、ログが保存されている限りはどんな書き込みでも遡ることが可能であり、どの話が先に出現したのか、どの話がどの話を参照しているのかといった、口承研究では不可能な追跡が可能である。

しかしそこで課題となるのが、飯倉の示した、話型を見出せないような断片的な話をどう扱うかという問題である。話型より上位の概念としては、同じく飯倉が注目している話群がある〔飯倉　二〇〇三〕。話群とは「主要登場人物で共通しており、しかもそれぞれの話型の内容の傾向において一致している」複数の話型を指す〔三原一九七七〕。確かに話群は話型では拾いきれない、それでいて共通した要素を持つ話を包括しうる。しかしネット上に散らばるテクストを扱うにはそれでもまだ不十分である。話群もまた、単独で完結した物語を想定している。話に対する感想などは当然ながら話型もなければストーリー展開といったものとも無縁である。たとえば、話に登場する妖怪存在の正体を「考察」する言説は、話群という概念では捉えることができない。その一方で、そうした考察などを通して生成される妖怪存在の情報はその後に出現する話に影響するだろう。また、ある話と他の話とが「関連性がある」とみなされる要素も、登場人物のみならず、話に登場する場所や妖怪存在など様々である。そのような「関連性」に注目することで断片的な話を含む言説の連鎖を分析することが可能となるだろう。

そこで、本論ではネットロア「くねくね」とそれに関連づけられる各種の言説を一つの集合体として分析するために、それぞれの関係性に注目する。結びつけられた話や、話についての感想や考察といった断片的な言説を「妖怪くねくねに関する一連の言説」とみなし、その様相を明らかにする。

二、ネット上のコミュニケーション

(1)ネット上のコミュニケーションを成立させるシステム

本節では、本章での主要な調査対象となるネット上の掲示板である「2ちゃんねる」の仕組み及びその周辺の事象について概要を述べる。

まず、2ちゃんねるの成立について説明する。「電子掲示板」とよばれるウェブサイトは、不特定多数のユーザーが一つのページに書き込みを行い、それがほぼリアルタイムでページ上に反映されることで、ユーザー同士が相互にコミュニケーションをとるというものである。こういったサービスの初出は一九九六年に開設された「あやしいわーるど」というウェブサイトだとされている〔ばるぼら　二〇〇五　一九〇〕。初期のインターネットにおいて、データ量の少ない文字によるコミュニケーションは代表的なコンテンツであり、こういった掲示板はその中でも人気であった。「あやしいわーるど」以降も多数の掲示板サイトが開設されていくが、その中の一つが一九九九年に作られた「2ちゃんねる」であった。

特に二〇〇〇年代の前半においては、こうした掲示板はインターネットの利用目的として代表的なものであった。総務省の二〇〇〇年の調査によれば、掲示板へのアクセスはインターネットの利用目的の一九・七%を占めている〔総務省　二〇〇〇〕。また、二〇〇五年の調査では掲示板の利用はパソコンでは一七・四%となり、割合としては減少しているものの、「ホームページ」「電子メール」「メールマガジン」「インターネットオークション」に続く位置にある〔総務省　二〇〇五〕。しかし様々なサービスがネット上に出現するにつれて掲示板が占める割合は減少し、二〇一〇年の調査では一一・七%で一〇番目になっている。さらに二〇二〇年の調査になると、掲示板は「その他」に位置付けられ、利用目的に占める割合も五・八%のみとなっている〔総務省　二〇二〇〕。また、有志によって運営されている2ちゃんねるの書き込み数を記録しているウェブサイト(1)を確認すると、記録が開始された二〇〇四年頃から二〇〇六年頃までは急激に書き込み数が増加していることがわかる。以上から、掲示板というウェブサイトが二〇〇〇年代のネット上において中心的なものであったことが窺えるだろう。後述するが、この二〇〇〇年代という時期は、くねくね系の話が出現し注目されていく時期と重なっている。くねくね系の話の隆盛に関して、掲示板という媒体は非常に重要な役割を果たしていたと言える。

次に、2ちゃんねるの仕様について説明する。2ちゃんねるではスレッドという単位で、話題ごとに書き込むページが分割されている。例えば、あるスレッドでニュースについての話題が進行していても、他のスレッドでは怪談が投稿されるなど、一つの掲示板内で複数の話題が進行可能となる。スレッドはユーザーによって自由に作成が可能であり、特定の話題で交流を行いたいというユーザーがスレッドを作成する。あるいは自身の興味のあるテーマのスレッドを探し、そこに書き込むことで、目当ての話題でいつでも交流が可能になっている。通常、

2ちゃんねるでは、一つのスレッドに書き込める件数は最大一〇〇〇件であり、これに達するとそれ以上書き込めなくなる。(2) 個々の書き込みには、スレッドを作成した人物による最初の書き込みである第一レスからそのスレッドの書き込み限界数に達した最後の書き込みである第一〇〇〇レスまで、それぞれ書き込まれた順番に番号が当てられる仕組みとなっている。そして、「2ちゃんねる」の場合は、各々の目的とするスレッドを見つけやすいように「ニュース」や「車」「ゲーム」など、分野によって掲示板自体が複数に分けられている。

2ちゃんねるで使用される用語についても確認しておく。分野ごとの掲示板はそれぞれ「〇〇板」と呼ばれているほか、スレッドは縮めて「スレ」と言われる。また、書き込みを行うことは「レスポンス」や「レスをする」と呼ばれ、書き込み自体が「レス」という名詞で呼ばれることもある。本節でもこれらの表記を使用する。

また、2ちゃんねるの特徴として挙げられるものとして匿名性がある。2ちゃんねるでは書き込みを行う際にはハンドルネームを使用せず、匿名で書き込むのが通常である。最初期はハンドルネーム以外に個人を識別するものは無く、ハンドルネームを使用せずに投稿された場合は、誰がどの書き込みをしたのかは本人以外には完全に判別不可能であった。しかし、二〇〇一年前後にIDと呼ばれるシステムが実装された。これは書き込みを行うとその日時などと一緒に、IDという任意で変更できないランダムな文字列が表示され、日付が変わるまでは同じ回線からの書き込みにはそのIDが表示されるという仕組みである。つまり、複数回書き込みをした人物がいた場合、日付をまたいでいないかぎりは、どれが同じ人物による書き込みなのかが判別されるということである。これにより、例えば複数のレスにまたがる長い話が投稿されたとしても、途中から他の人物が投稿者に成りすまして続きを書くことを防ぐことができる。

以上が2ちゃんねるの基本的な仕様であるが、その中で、怪談は盛んに語られる話題の一つである。2ちゃんねるの「オカルト板」では「洒落にならないくらい恐い話を集めてみない？」や「ほんのりと怖い話スレ」といった特定のテーマに沿った怪談を投稿するスレッド[3]が複数存在している。これらのスレッドには、最初のスレッドが書き込み数上限に達したなどの理由で終了した後も「part2」「part3」などとナンバリングされ、シリーズ化して継続している、人気のあるスレッドも存在している。これらのスレッドでは、それぞれのタイトルにあるような、目的に沿った内容の怪談が書き込まれたり、投稿された話に対する感想や批評、あるいは関連する何らかの話題が交わされていたりするのである。これらのスレッドに投稿される話は、書き込みを行う当人の体験談として書きこまれる話もあれば、友人知人から聞いた話、自分が創作した話、あるいは書籍やテレビなどの他のメディアで知った話や、2ちゃんねるの他のスレッドもしくは外部のウェブサイトからコピペされた話など多種多様となっている。

最後に2ちゃんねるに関連する外部サイトについて触れる。2ちゃんねるに関連するウェブサイトとして、まとめサイトと呼ばれる種類のウェブサイトが存在する。これは掲示板やSNSなどに投稿されたものを見やすく、検索しやすいようにまとめて転載している外部サイトのことである。具体的には、スレッドに投稿された書き込みの中から面白いもののみをまとめサイトの作成者が抽出し、掲載する。つまり荒らし[4]や無関係な書き込み、あるいは閲覧者の興味を惹かないだろうと判断された感想は掲載されない。本論で対象とする怪談に関するスレッドのまとめサイトの場合は、スレッドに投稿された話を記事として掲載する形式となる。

まとめサイトはその性質によっておおよそ二種類に分かれている。一つは投稿された内容を保存するために掲示板のユーザーたちによって作成されたものである。これは掲示板のユーザーたちが自身らの過去の書き込みを見返すために利用される。もう一つは主に掲示板のユーザー以外が面白い書き込みのみを見る目的で閲覧するものである。これらはまとめサイトに掲載されているアフィリエイト広告により、まとめサイトの運営者が収入を得る目的で運営されている。前者は掲示板のユーザーが、後者は掲示板のユーザー以外がそれぞれメインの閲覧者になるとも言える。後者はその運営形態からまとめブログという呼び方をされることもあり、本章でもそれに倣って、広告収入を目的とするまとめサイトをまとめブログと表記する。こういったウェブサイトは掲示板で注目された話題が掲示板の外部でも知られるようになるきっかけとなり得るものである。

以上が本章の主な調査対象となる2ちゃんねるとその周辺のウェブサイトの概要である。次節では、これらのウェブサイトで行われるコミュニケーションの性質について述べる。

(2) コンピューターの機能による影響

本節では、ネット上のコミュニケーションの性質を、コンピューターの機能との関係に注目しつつ検討する。コピーアンドペースト（コピペ）や検索といったコンピューターの持つ機能は、会話や文字によるコミュニケーションにはないものである。これらの機能は様々な面で話の内容や流通の仕方に影響を及ぼしている。

まずはコピーアンドペースト機能について述べる。周知のように、これは文字や画像などをコピーして貼り付けることで全く同じものを複製する機能である。これにより、一言一句同じ言葉が別の時間に、別の場へと容易に拡散される。掲示板においても、別のスレッドに投稿された話が別のスレッドにコピペされるという事例が珍しくないことは前項でも触れたとおりである。コピペされた話が投稿される際は、「○○からのコピペ」と明言されて書き込まれることもあれば、他のユーザーから指摘されることもある。また、現在「くねくね」という語で検索してヒットするのは最初に人気を博した話であることも多い。最初期の話が形を変えずに参照可能であるのはコピーアンドペーストという機能のおかげであろう。

次に、検索機能に注目してみたい。検索機能もコピーアンドペーストと同様に、最初期の話を参照することを容易にしている。コピペされた話を読み、興味を持ったならば、読み手は検索機能を用いてその話の出所を探すことができる。目当ての話が人気であれば、先行して同じ話を探した人物も多く、過去のやり取りが検索にヒットすることもあり、たどり着きやすいと言える。記録が保存されてさえいれば、ネットロアでは話の出所がわからなくなることは起きにくいと言えるだろう。

以上をふまえるかぎり、コピーアンドペーストにより話が形を変えずに広まり、検索機能によって話の出所やそのコピペされた話に辿り着きやすくなる。人気のある話はそれだけ多くコピペされ、検索される。口頭で伝わる話では、新しい話は既存の話を上書きする形で発生し、新しいバージョンの話が語られる際はそれ以前のバージョンに言及されることはない。しかし、ネットロアの場合は新しい話が出現しても、遡って古いバージョンを参照することができるために、それ以前に存在していた話の影響が消えないのである。ネットロアにおける「特定の話が有名になる」という状況はこういった機能によって成立しているところが大きいのである。

そしてこの特定の話が注目されるという状況がネットロア研究においても生じていることは、すでに前節で指摘したところである。有名な話に辿り着きやすいがために、その周辺のあまり有名でない、それでいて多数を占めるような話は見落とされてしまう。たとえば金城ハウプトマン朱美は、SNSでのリツイートや転送機能について言及している。金城は、ドイツで現代伝説集が下火になっているという現状に対し、その要因の一つとして、話が変化せずに拡散する機能により、話のバリエーションが増えず、話が「完成」されないために面白さに欠けるためではないか[5]という見方を示している〔金城　二〇二一　一四〕。同じ文章が繰り返し投稿されるという点から、これを部分的に掲示板の話に適用するとどうだろうか。確かに、コピペされた話が改変される事例は、筆者の調査でも確認できなかった。広く知られている話のみを見れば、それは拡散されるのみで、話の改変によるバリエーションの生成は発生していないように見えるかもしれない。しかし、コピペされるような話以外に目を向ければ、くねくねに関する話のバリエーションが増えていないとは決して言えない。三節で紹介するように、最初期の話に関連づけられる多数の話が出現している。少なくとも本論で対象とする話については、金城の言うようなバリエーションの生成を欠いた拡散は発生していないと言えるだろう。このように、有名な話とその話をコピペして改変した話に注目するだけでは見落とされるバリエーションも存在する。

ただし、こういった様相は本章が扱う怪談という対象の性質に起因する面もあると考えられる。これらの派生の話は最初の話を改変したものというよりは、類似の要素を持った話であり、個々の話自体はオリジナリティを持っている。この点については、ネット上に限らない近年の怪談の性質から説明づけることが可能である。一九九〇年前後から二〇〇〇年にかけて出現した「怪談実話」というジャンルについて、飯倉が分析を行っている。飯倉によれば、怪談実話は「実話である」ことを前面に押し出し、話者あるいは話者が取材した人物による実体験であるとするのが特徴であるという〔飯倉 二〇一六 二五三〕。これはネット上での怪談にも多く見られる形式であり、ネット上の怪談と怪談実話は互いを部分的に含む非常に近い位置関係にあると言える。そして飯倉によれば怪談実話は体験談であるが故に全く同じ話は真実味を削ぐとして好まれないとある〔飯倉 二〇一六 二五七〕。

つまり、少なくともネット上の怪談においては、既存の話を部分的に改変した話はすぐに元となった話が明らかにされてしまうため、口承の話に見られるような部分的な改変によるバリエーションは好まれないと言える。もちろん、改変元の話を容易に探りあてることができるのは検索機能のおかげである。

以上がコンピューターの持つ機能によって成立するネットロアの性質である。続いて、インターネットのユーザーやネット上の共同体の性質について述べる。

伊藤はネット上の共同体を、「関心や興味の共有」からなる人間関係によって成立していると述べる〔伊藤　二〇一六　四三〜四四〕。そこでやり取りを行うユーザーたちは基本的に匿名であり、互いの素性を知らない。そのため現実では縁遠い事柄や人物と接点を持ちうる、厳密には持ちうると思わせることができる。

拙稿ではネット上の怪談において「閉店後のデパート」や「テレビやラジオの放送局」といった、多くの人にとって身近でありながら立ち入ることのできない環境を舞台にした話が一定数存在することを指摘している。インターネットという環境により、そういった「一般人には知られていない内部の話」が関係者によって書き込まれるかもしれないと思わせることが可能であるわけである〔押見　二〇二二　二二〕。

以上、ネット上のコミュニケーションについて、機械的な機能やネット上における人間関係という側面から分析を行った。これらの内容をふまえ、次節ではネット上で発生して拡大していった「くねくね」という話について、その発生経緯と、それがどのような話を派生させていったのかをおさえる。

三、ネットロア「くねくね」

(1)「くねくね」の発生経緯と性質の分析

本節では、ネットロア「くねくね」が出現した経緯を示し、そこから派生した「くねくねに関連づけられる話」について事例を示す。

まず、「くねくね」について説明する。くねくねとはネット上で誕生したとされる怪談およびその話に登場する妖怪存在[6]の名称である。朝里樹はこれを「主に田園に現れる、その名の通り体をくねらせるようにして動くという怪異。色は白く、人間の関節の構造上不可能な曲げ方をする。またこれを遠目に見る分には問題がないが、双眼鏡などの道具を介す場合も含めてそれを間近で見てしまい、それが何であるかを理解すると精神に異常をきたしてしまうという」と紹介している〔朝里　二〇一八　一三三〕。Wikipediaでも二〇一一年に記事が作成されているほか、[7]事例1[8]のようにその他のウェブサイトでも同様の説明がされており、多少の差異はあっても、「くねくね」がどのようなものであるかは、ある程度統一された認識が形成されている。

　ネットロアとしての「くねくね」が発生した経緯は先行研究によって詳細に明らかにされている。伊藤によれば、くねくねの初出となる話は二〇〇〇年三月に、2ちゃんねるではなく「怪談投稿」というウェブサイト[9]に掲載された「分からない方がいい・・」であるとされている〔伊藤　二〇一六　一二五〕。内容は事例2に示す。この話は二〇〇一年六月に、2ちゃんねるの「死ぬ程洒落にならない話を集めてみない？ PART6!」[10]に転載されており、廣田はこの「分からない方がいい・・」がそのスレッドの投稿全体の中でも人気の話の一つであったと指摘している〔廣田　二〇二二　二九八〕。

　事例の全文は資料編の事例2に示しているため、ここでは要約を示す。すなわち、田舎に帰省した兄弟が奇妙な動きをするものを発見する。主人公はそれが何かわからなかったが、兄にはそれが何かわかった。結局、主人公には奇妙なものの正体はわからずじまいであり、なぜならば、それを理解した兄は知的障害になってしまったからである、というものである。投稿者本人による体験談ではなく、投稿者の弟の知人が子供の頃に体験したこととして、伝聞の形式をとっている。「白くて奇妙な動きをする人型」「正体を理解すると精神に異常を来す」という基本的な要素はすでに備わっている。

その二年後、二〇〇三年三月に「洒落にならないくらい恐い話を集めてみない？ Part31[11]」に投稿されたのが事例3の「くねくね」である。この話がくねくねという言葉が登場した最初の事例となる。ただし、「くねくね」はこの段階では妖怪存在の名前というよりは、話のタイトルとして用いられている。こちらも先に挙げた「分からない方がいい・・」と同様に投票サイトで上位であったことが廣田によって指摘されており、その人気ぶりは「分からない方がいい・・」以上であったとある〔廣田　二〇二二　二九八〕。

この「くねくね」という話は、投稿されるにあたり、前置きとして『「分からない方がいい・・』と似た体験をした事があるのでそれらを混ぜた話」であると投稿者によって書き込まれている。つまり創作であるということが明言されている。それは語り手である主人公がくねくねを双眼鏡で見てしまうというラストからも窺える。この話が体験談であれば、くねくねを詳細に見てしまった主人公がこの話を投稿することは不可能だからである。一方でこの「創作である」という前置きは転載される際には外されることもある。

「くねくね」の内容は「分からない方がいい・・」とおおよそ共通しているが、ボリュームは大幅に増加しており、文章表現も凝ったものになっている。また、こちらの話で特徴的なのは、祖父や祖母が話に登場する怪異について知っている素振りを見せる点である。「見てはいけない存在である」ということを知っている祖父や「被害にあった人物に対する処置」を知っている祖母の描写により、この話に登場する怪異がその土地で言い伝えられている存在であることが示唆されている。伊藤はネットロア「くねくね」のこうした要素を「通俗的民俗学のイメージ」が見られると指摘している〔伊藤　二〇一六　三六〕。「地方で言い伝えられる怪異」という要素はこの後に出現する話でもたびたび見られるため、掲示板のユーザーたちに好まれている要素と言えるだろう。そしてこの「地方で言い伝えられる怪異」あるいは「妖怪の存在が伝承されている地方」という設定には、前節で述べたネット上での「一般人には知られていない場所」の概念が作用していると言える。日本のどこかにはそのような地域が存在しており、不特定多数の人物が参加する掲示板のユーザーの中にはその地域に住む人物や縁のある人物がいるかもしれない、あるいはいてもおかしくはないと思わせることが可能であるのだろう。

　こうして「くねくね」が出現し注目を集めたことをきっかけとして、くねくねに関連するとされる話が次々と投稿されるようになっていった。二〇〇三年七月には「く　ね　く　ね」[12]というタイトルのスレッドが作成された。つまり、くねくねについて投稿する専用の場が設けられたということである。特定の話について専門のスレッドが作成されることは珍しく、くねくねはこれまでに投稿されていた他の怪談に比べても突出した存在感を持っていたと言えるだろう。このスレッドでは、「妖怪くねくねの正体が何であるか」という考察や、「自分もくねくねらしきものを見たかもしれない」という目撃証言、もしくは「他のスレッドに投稿された話がくねくねに似ている」というように、外部に投稿された話が転載される事例も見られた。例えば、二〇〇三年六月二日に「不可解な体験、謎な話～enigma～ Part14」[13]の二七四レス目に投稿された事例4は、二〇〇三年七月一〇日に先述の「く　ね　く　ね」スレの八三レス目に転載されている。「く　ね　く　ね」スレに転載された書き込みは、名前欄に「ｴﾆｸﾞﾏからｺﾋﾟﾍﾟ」と入力されており、この話が他のスレッドからコピペしたものであることを明示している。

「く　ね　く　ね」スレの一レス目には、「情報求む」と書き込まれ、くねくねに関する情報を集めることを目的としたスレッドであるとわかる。つまりこのスレッドへの投稿自体がその話をくねくねに結びつけているとも言える。そのため本論で行った収集作業も、2ちゃんねる内での作業は基本的にこのスレッドを中心に行った。

このスレッドも先に挙げた人気のスレッドのように書き込み数の上限に達した後も「くねくねスレ」としてシリーズ化されているが、時間が経つにつれ書き込み頻度は下がっていき、二〇一〇年六月八日に作成された第一九スレとなる「【ミツメデル】　くねくね19　【イクナイ】」[14]スレを最後にそれ以降はスレッドが作成されていない。加えて、最後となる第一九スレも、スレッドが終了したのは書き込み数上限に達したためではなく、「dat落ち」と呼ばれる、一定期間書き込みが無いことによる終了であった。ほとんどの話は単独のスレッドが作成されるには至らないため、スレッドが立てられなくなったからといって人気が無くなったと断定することはできないが、相対的に一時期より注目度が減少したとは考えられるだろう。

目安として、第一スレから第一九スレまでの各スレッドの期間と頻度を表1に示す。一日当たりの書き込み数の項目は、スレッドの総書き込み数を単純に日数で割っただけのものであるため、あくまで比較の目安である。最も目立つのは二〇〇七年の第一四スレ[15]で、一日で一〇〇〇件の書き込みに達している。これは第13スレ[16]に体験談を書きこんだ人物による画像の投稿をきっかけに、いわゆる「祭り」の状態になったためであり、特殊な状況下であったと言える。それ以外の時期については二〇〇三年の七月にブームが始まってから夏の間は盛り上がっていたものの、それ以降は落ち着いていることが見て取れる。これは廣田の記憶とも一致しており〔廣田　二〇二二　三〇三〕、このように推移したことは確実であると言えるだろう。

以上がネットロア「くねくね」の出現とブームの終息の経緯である。注意が必要なのが、「くねくね」という語のゆらぎである。先に示したように、「くねくね」という語は、最初は話のタイトルとして登場していたが、話に登場する妖怪存在の名称としても使用されていく。また、当然ながら二〇〇〇年の「分からない方がいい・・」と二〇〇三年の「くねくね」をきっかけに注目され、集積していった一連の話のジャンルの名としても「くねく

表1　くねくねスレの書き込み頻度

	書き込み数	開始日	最終書き込み日	経過日数	1日当たりの書き込み数
第1スレ	1000	2003/07/09	2003/7/13	5	200.00
第2スレ	1000	2003/07/13	2003/7/18	6	166.67
第3スレ	1000	2003/07/13	2003/7/30	18	55.56
第4スレ	1000	2003/07/28	2003/8/26	30	33.33
第5スレ	1000	2003/08/25	2004/1/19	148	6.76
第6スレ	1000	2004/01/18	2004/8/7	203	4.93
第7スレ	1000	2004/08/06	2004/11/13	100	10.00
第8スレ	1000	2004/11/13	2005/5/8	177	5.65
第9スレ	1000	2005/05/09	2005/7/15	68	14.71
第10スレ	988	2005/07/13	2005/10/1	81	12.20
第11スレ	1000	2005/09/30	2006/2/6	130	7.69
第12スレ	1000	2006/02/05	2006/4/18	73	13.70
第13スレ	1000	2006/04/14	2006/5/6	23	43.48
第14スレ	1000	2006/05/06	2006/5/6	1	1000.00
第15スレ	1000	2006/05/06	2006/6/21	47	21.28
第16スレ	801	2006/06/21	2007/1/20	214	3.74
第17スレ	1000	2007/01/23	2007/8/24	214	4.67
第18スレ	30	2007/08/24	2007/8/25	2	15.00
第18.1スレ	55	2007/08/29	2007/9/22	25	2.20
第18.2スレ	196	2007/10/02	2007/12/23	83	2.36
第18.3スレ	40	2008/12/07	2008/12/31	25	1.60
第19スレ	30	2010/6/8	2010/7/8	31	0.97

ね」の語は使われる場合がある。そこで本章では、一つ目の二〇〇三年に投稿された話のタイトルは「くねくね」と括弧つきで表記し、二つ目の妖怪存在の名称として用いる場合は妖怪くねくね、三つ目の話のジャンルとして用いる場合は、くねくね系の話と表記する。

続いて、くねくね系の話の性質に注目してみたい。くねくね系の話あるいは妖怪くねくねが、ここまで人気となった原因は伊藤が考察している〔伊藤 二〇一六〕。通常、妖怪現象や妖怪存在はその正体が判明すれば恐怖の対象ではなくなるが、妖怪くねくねの場合は「理解すると精神に異常をきたす」という性質があり、その正体を明らかにすることは被害に遭うことを意味する。そのため妖怪くねくねは恐怖の対象としてあり続ける「生命力の強さ」を持った話であると伊藤は分析する〔伊藤 二〇一六 三六～三七〕。また、正体不明という性質は、掲示板のユーザーの興味を引く要素にもなる。正体が不明なままであるため、怪談を求めるオカルト板のユーザーにとっては文字通りいくら話しても話し足りない話題なのである。廣田もくねくね系の話について、「シンプルな怖い話だから、人を引き付けやすい」「謎めいた存在でもあるから、好奇心を抱かせやすい」「正体は曖昧なままだから、さまざまな体験談を取り込みやすい」と人気の理由を挙げている〔廣田　二〇一八〕。

これらの性質は、くねくね系の話の派生しやすさにもつながっていると考えられる。「好奇心を抱かせやす」く「さまざまな体験談を取り込みやすい」ことは、これと関連づけられた話が数多く生成されることを意味するだろう。また「生命力の強さ」があるために、ブームが過ぎても数年にわたり専用のスレッドが作成され、話の収集がしやすい。さらに言うならば、これは、特定の場に長期間に渡って一定の傾向を持って多数の話が出現するという状況であり、それらの出現経緯も詳細に確認可能である。つまりくねくね系の話は、ネットロアにおける話の派生や変化を分析するのに適していると考えられる。

（2）類例の念生

以下、くねくね系の話を分析する。これにより、どのような話がくねくね系の話として認識されるのか、それらの話はオリジナルとなる「分からない方がいい・・」や「くねくね」からどのような変化をしているのかを明らかにする。

まずは本項の作業について説明する。事例の収集は、2ちゃんねるの「くねくねスレ」を対象として行った。「くねくねスレ」は、合計で二三のスレッドが作成されている。本論ではこれらのスレッドを総合して「くねくねスレ」と表記する。「く　ね　く　ね」スレを第一スレ、そのpart2スレを第二スレという形で順番に表記する。注意点として、いくつかのスレッドは名前や作成時期が重複しているため、タイトルのナンバリングと実際のスレッドの順序が合致しない。例えば、第三スレ[17]は、第二スレ[18]と同日同時刻に作成されており、名前もpart2とつけられている。これは第一スレが終了した後に、第二スレを作成した人物が二名いたためにpart2とついたスレッドが二つ作られたのである。結果としては書き込み数が早く増加した方のスレッドが先に使用され、もう一方は先に使用されたスレッドが終了した後にそのまま第三スレとして扱われた。実質的にpart3であると言えるため、本論では混乱を避けるため第三スレと呼称する。他にも第一八スレ[19]も小数点つきのものが三つ存在している。第一七スレ[20]までは、例外はあるものの、ほとんどのスレッドが書き込み上限数に達していたのに対し、第一八スレがdat落ちしていることが原因だろう。書き込み数が一〇〇〇に達しなかったために、「最後まで続かなかったpart18の続き」を意図して第一八・一スレ[21]が作成されたと考えられる。同様に、第一八・一スレも上限に到達しなかったため、続きとして第一八・二スレや第一八・三スレが作成されたと考えられる。

以上のスレッドから収集した書き込みは、妖怪くねくねと遭遇した話のみではなく、妖怪くねくねの正体を予想する書き込みなども含めて収集した。その際、複数のレスに跨る書き込みはまとめて一件として扱った。また、スレッドの外部から転載された話は転載元まで確認している。収集した総事例数は六五二件となった。

それではこれら「くねくねスレ」ではどのような話が投稿されていったのだろうか。事例5および事例6は「分からない方がいい・・」および「くねくね」とは異なる話型を持つ話である。事例5は二〇〇三年の七月二二日に「くねくねスレ」第三スレの三八四レス目に投稿された。この話は複数の点で最初期の二話と異なるものとなっている。場所は田んぼではなく橋の上であり、登場する怪異は白ではなく「赤、白、緑」という色、そして被害にあった人物はいない。事例6は、二〇〇三年九月二九日に「くねくねスレ」第五スレ[22]の四一二レスから四一五レスにかけて投稿された。こちらは話の大部分が夢の中で展開しており、もはや初期の話とは似ても似つかないとすら言えるだろう。

この二話は発生源となった「分からない方がいい・・」や「くねくね」とは少なからず異なった内容となっている。にもかかわらず、「くねくねスレ」に投稿されたこの二話に対して批判は上がってはいなかった。そもそも投稿された話の全てに反応があるわけではなく、事例5と事例6にもポジティブな反応があったわけではない。そのためこれらの話が積極的に受け入れられているとまでは言えないが、少なくとも否定もされてはいない。これらの事例からは、くねくね系の話が、話の展開や登場する怪異など、何かしらの一貫した要素によって括ることは困難であるといえる。

ここで極端な例を紹介しよう。事例7は「洒落にならないくらい恐い話を集めてみない？」第二一九スレ[23]の四一九レス目から四二四レス目に投稿された話で、投稿日時は二〇〇九年の八月一日であり、事例全体のなかではかなり後の時期のものである。投稿者の曽祖父が体験した話とされ、「くねくね」と似た部分もありつつ、さらに複雑化した内容と言える。特徴的なのは登場する怪異であり、色の違いがあるどころではなく、怪異は木の杭であるとされている。しかし、人を発狂させる正体不明の存在という点で類似性が見出されたのか、この話に対して四四九レス目で「>>431 くねくねみたいなものだろうな」と言及されている。これらの事例からは、初期の話である「分からない方がいい・・」や「くねくね」と異なった話であっても、くねくねに関わるものとして認識されている状況が読み取れる。

それでは、どれだけかけ離れた話であっても「くねくねスレ」に投稿されてしまえば、それはくねくね系の話として受け入れられるのだろうか。この問いは、次に示す話とそれへの反応によって否定できる。事例8は二〇〇三年八月二日に「くねくねスレ」第四スレ[24]の二五四レス目から二五八レス目に投稿された話である。この話は展開としてはいわゆる金縛りや事例6のような夢の話に近い、就寝時の話である。登場する怪異も、走るという動きではあるものの白い人型という点で初期の二話と共通点が認められる。しかし「これってくねくねさんですか?」という質問で締めくくられたこの話には、同スレの二六一レスにて「いや〜　でも、普通にコワイと思うぞな。」といった反応が書き込まれた。怪談を目的とした掲示板である以上、話そのものに対する「怖い」という評価は好意的なものであるらしいが、その反面この話は「くねくね系の話ではない」という判断が下されている。明確な基準はないとは言え、どんな話でもくねくね系の話に結びつけられるわけでもないことが確認できるだろう。以上、新しく出現した話が「くねくね」に関連づけられる様相を紹介した。話に登場する妖怪存在の性質や話の展開など何かしらの共通点をもとに結びつけられ、新たなくねくね系の話となる。その一方で、共通点さえあれば、あらゆる話が無制限に関連づけられるわけではないのである。

　続いて検討してみたいのは、妖怪くねくねに対する怪談以外の言説である。前節で示したように妖怪くねくねの正体は不明であり、それがユーザーたちの興味を引く要因でもある。そのためか、「くねくねスレ」ではくねくねの正体をめぐる話題がしばしば発生する。当然ながら、これらは怪談ではない。その一方で、「分からない方がいい・・」や「くねくね」の影響を受けて発生した妖怪くねくねについての一連の話題の一部なのである。そこにはくねくね系の話が持つ性質が反映されている。

　事例9は二〇〇三年七月二七日に「くねくねスレ」第三スレの九五二レス目と九五三レス目に投稿されたレスである。くねくねの正体を科学的に説明付けようとしたものである。妖怪くねくねの姿を「陽炎などの光学的現象」とし、発狂するという被害を「熱中症による意識障害」として、これらが「伝説のよう」に語り継がれたものが妖怪くねくねの正体ではないかと述べている。この考察はある程度定着したようで、Wikipediaに二〇一一年に作成された最初のくねくねの記事でも熱中症説は触れられていた。この解釈については伊藤も触れているが、これ以外にも伊藤が確認したという「いわゆるドッペルゲンガー」「東北地方に伝わる『タンモノ様』」「福島に伝わる『あんちょ』」「蛇神」〔伊藤　二〇一六　三六〕といった解釈があるほか、興味深い考察がいくつか存在する。例えば、事例10は、二〇〇三年八月一日に「くねくねスレ」第四スレの二一四レス目に投稿された。これは妖怪くねくねの正体を「突発的に発生した空間の裂け目かマイクロブラックホール」としており、こちらは科学的と言うよりは、いわゆる疑似科学やSFのような発想のもとで解釈されている。真面目に考えられたものではなく、話を盛り上げるために、いわゆるネタとして書かれたものだと見てよいだろう。ここで注目したいのは、本気ではないにしてもこのような解釈が可能であるという、くねくね系の話の幅の広さである。長期的にスレッドが作成されるだけの話題としての強度がうかがえるだろう。

科学的な解釈以外では、言い伝えや伝説といった伝承的な要素と結びつけた内容が多く見られ、前項で述べた「通俗的民俗学のイメージ」が作用していると言える。では、そのような傾向の考察とは、具体的にどのようなものなのだろうか。事例11は、伊藤の言及にもあった、くねくねの正体として「東北に伝わる『タンモノ様』」なるものを挙げた事例である。二〇〇三年七月一一日に、「くねくねスレ」第一スレの一九九レス目と二〇五レス目に書き込まれた。この書き込みによると、「タンモノ様」という存在が東北地方で伝承されており、投稿者の認識では一定の知名度があるという。そして、投稿者自身は祖父母からタンモノ様という「見ると被害にあう怪異」について子供の頃から聞かされていた、と述べている。このタンモノ様という伝承はおそらく架空のものであると思われる。少なくとも筆者の認識の限りではそういった伝承に心当たりはない。ただし、当然ながら、現時点で民俗調査などにより確認されていないからといって、「タンモノ様」という伝承が絶対に存在しないとは言い切れない。

もう一つ、伝承的な要素に結びつけられる事例を紹介する。事例12は「くねくねスレ」第八スレ[25]の二〇五レス目とそれに対して補足する二〇八レス目からなる書き込みである。この二つの書き込みは異なる人物によるものであると思われる。この書き込みでは妖怪くねくねと似た性質を持つ存在として、アイヌの伝承に登場する「パウチカムイ」が挙げられている。この伝承は実在するものである。アイヌの民話に登場する淫魔で、これが人に取り憑くとその人物は「急に狂ったように人が変わって騒がしくなり、裸になって走り歩く」とある〔知里 一九八一 二〇七〕。取り憑かれると気が触れてしまうという特徴から、妖怪くねくねとパウチカムイが結びつけられたのだろう。

事例11と事例12の証言は、あくまで「くねくね系の話に似た昔話がある」というものである。決して妖怪くねくね自体が実在すると主張する言説ではない。しかしこれらの事例は実際に伝承されている話、あるいは実際に伝承されている「らしい」話と関連づけることで、くねくね系の話が「ネット上で作られたただの創作ではない」「伝承として実際に存在しないとは言い切れない」と読み手に感じさせるだろう。事例11や事例12のような情報が書き込まれることにより、くねくね系の話が実際に日本のどこかの地方で伝承されているのではないかというリアリティが付加されているのである。

以上、様々なくねくね系の話を示し、分析を行った。事例5から事例7にわたって示したように、「分からない方がいい・・」と「くねくね」をきっかけに人気となった妖怪くねくねについて、様々な変化を加えられつつ多数の話が投稿されている。これらの話は単純に初期の話を改変したものというよりは類似点のある別の話といったものであるが、その一方で事例8からはどんな話でもくねくね系の話として認識されるわけではないことが明らかになった。そして、事例9から事例12を通して、怪談ではなく妖怪くねくねの正体について考察する言説を紹介した。このような考察は妖怪くねくねが正体不明の存在だからこそ発生する話題であると言えよう。これらの事例をふまえ、次節ではくねくね系の話が展開していく様相を分析する。

四、類例発生に影響する要素

（1）テンプレの発生と変化

本節では、くねくね系の話がどのように展開していったのかを検討する。本項では、妖怪くねくねという存在のイメージが形成され、更にそこから話が生成されていく様相を分析する。次項では、まとめブログに転載された話に見られる傾向を確認し、掲示板の外部におけるネットロアの派生の状況を明らかにする。

前節で確認したように、くねくね系の話の結びつきは、ある程度の共通性が見出されることで形成される。事例6のように話の展開が大幅に異なる場合もあり、結びつけられる共通点は話型によるものとは限らない。また、事例9のような妖怪くねくねに関する考察もそれ自体はストーリーを持つ話ではないが、その後のくねくね系の話に影響を与えている。そのため、話型よりもさらに広範な話を包括する話群という概念であっても、それが話を対象とするものであるかぎり、感想や考察などといった情報を扱うことができず、ここでの作業には裨益しない。ここでは、型や群ではなく、そこで集められる多数の言説が持つ相互関係を分析する。

まず取り上げてみたいのは、妖怪くねくね、あるいはくねくね系の話に対するイメージの形成についてである。

全ての話に一貫する共通要素がないのなら、掲示板の利用者たちは何を基準にくねくね系の話をそれとして認識しているのだろうか。ネットロアを維持するものとして、伊藤はテンプレに注目している。「くねくねスレ」のようなシリーズ化されたスレッドで、新しいスレッドが作成された際に冒頭に書き込まれる定型の書き込みをテンプレという。テンプレとはテンプレートの略である。「くねくねスレ」では事例13に示したものがテンプレとして書き込まれている。これはテンプレのある「くねくねスレ」の中で、もっとも新しい第一九スレのものである。伊藤は、テンプレには「説話の伝承を維持する機能がある」としている〔伊藤 二〇一六 三五〕。テンプレにより妖怪くねくねのおおよそのイメージが輪郭づけされ、事例8のように「くねくねではない」と判断される際の目安の一つとなっている。新しく出現する話の要素をテンプレの内容に沿うように制限し、共通性の弱い話を排除することがテンプレの作用と言える。その一方で伊藤の言う「維持する機能」の他にも、新しく話が結びつけられる際にもテンプレは機能している。すでに示したようにくねくね系の話は特定の話型に限られるわけではなく、話の展開には様々なバリエーションが見られる。テンプレを参照することで話型や特定の要素に限られない多様な要素が注目され、個々の話ごとに異なる類似性によってくねくね系の話に関連づけられるのである。

テンプレは掲示板で流通している妖怪くねくねに関する情報の一つであり、妖怪くねくねの基本的な概要を掲示板の利用者たちに共有する機能を持っている。テンプレを見た掲示板の利用者は、妖怪くねくねとはどのような存在か、どのようなパターンの目撃情報があるのかといったイメージをそれぞれ持つようになる。そうして形成されたイメージは、今度は新しい話がくねくね系の話に結びつけられる際に、いわば前提知識として機能することになる。利用者たちは、初期の話やテンプレといった具体的なテクストに加え、各々の抱くイメージに照合することで、自分の投稿する話や他者が投稿した話とくねくね系の話との間に関連性を見出すのである。つまり、テンプレは独立した話とは見なせないが、妖怪くねくねに関するテクストの一つであり、くねくね系の話という系統を構成する一要素であると言えるだろう。

テンプレとして視覚化された妖怪くねくねの性質は後発の話が出現しても繰り返し参照される。そのため、テンプレの中核となった「分からない方がいい・・」と「くねくね」は後発の話が数多く出現した後でも影響力が薄まりにくい。そのため初期の話の派生事例から、さらに二次的、三次的あるいは四次的な派生が起きることはあまり見られない。それよりも初期の話やテンプレから直接派生した話が多数出現することになる（図1）。

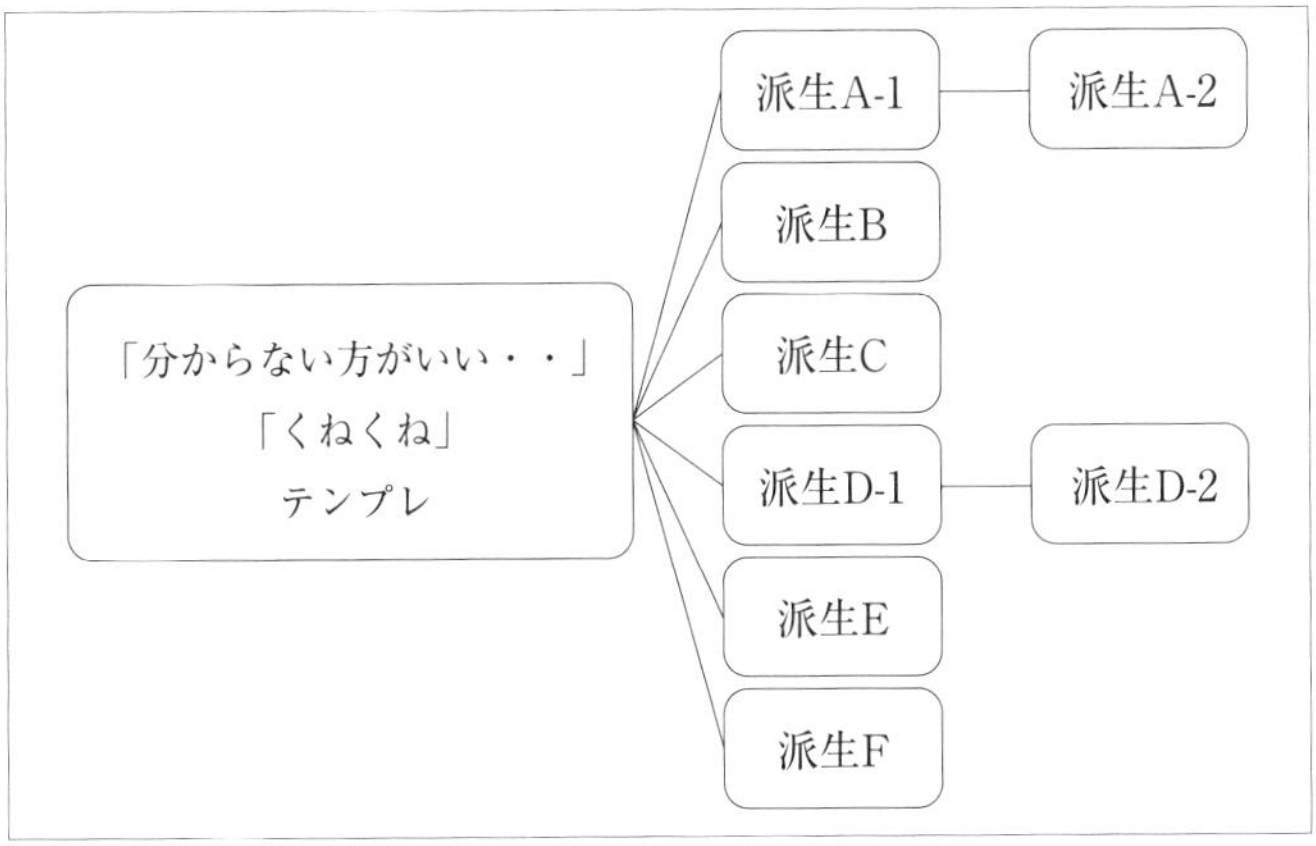

図1　くねくね系の話における派生関係の略図

それではこのテンプレはどのように成立しているのだろうか。「くねくねスレ」においてテンプレが作成されたのは第一スレでのことである。二〇〇三年の七月一〇日の一五九レス目の書き込みが、それまでに出てきた話から、妖怪くねくねの特徴をまとめたことがきっかけとなった（事例14）。大部分はのちのテンプレと同内容であり、これが原型になっていることが見て取れる一方で、細部が異なっている。その後、同じスレッドの八三三レス目でもう一度妖怪くねくねの特徴がまとめられる（事例15）。投稿日は二〇〇三年七月一三日であり、事例14の三日後の書き込みである。こちらは内容が洗練されており、後のテンプレにより近づいている。事例14にみられた「精神的なダメージ」などの曖昧な表現を避けているらしいのは、より恐怖や好奇心を感じさせる書き方を意識しているのかもしれない。また、簡潔に書く意図もあるのか、形状については事例14で「基本は白色、しかし色違い（黒）のものもいる可能性あり」とされるのに対し、事例15では「白い」のみになっている。しかしこれには物言いがつけられる。同日に書き込まれた八三六レスである（事例16）。ここでは一二二レス目の書き込み（事例17）を根拠に、「「黒い」のがいる可能性」の見落としが指摘されている。事例17は二〇〇三年六月一三日に「洒落にならないくらい恐い話を集めてみない?・」の第四一スレ[26]の二五五レス目に書き込まれた話が、「くねくねスレ」にコピペされたものである。ここで言及されている「田んぼの真中でひたすらくねくねしてるやつが云々・・」とは「分からない方がいい・・」か「くねくね」あるいはその両方を指しているとみて間違いないだろう。

興味深いのは、最初に投稿された「洒落にならないくらい恐い話を集めてみない?」の第四一スレでは、二六〇レス目で事例17の話に対して「俺がかなり昔に聞いたものは、くねくねする「白いもの」だった。いいかげんだな・・」と否定的な反応が書き込まれている。しかし、「くねくねスレ」の一二二レス目として転載された際には「黒い」という差異に対して異なった反応が書き込まれた。一二四レス目では事例17に対して「何！　黒もいるのか！」と、色違いの存在を受け入れる姿勢が示される。おそらく、「くねくねスレ」においてはくねくねの正体を考察することも主要な話題であるため、「黒い」というバージョンが、目撃証言の一つ、あるいは手がかりの一つとして受け入れられたのだと考えられる。

こうして、「黒い」という情報は妖怪くねくねのプロフィールとして回収され、テンプレが更新された。テンプレは伊藤の言う通り伝承を維持する機能がある一方で、テンプレ自体が複数の話を参照して作られており、時には新しい話からテンプレが更新されることもある。テンプレと個々の話は相互に影響を与え合う関係性にあると言えるだろう。

また、重要な点として、テンプレの不完全性を指摘することができる。妖怪くねくねは正体不明であり、その特徴を羅列したテンプレはあくまで「現在分かっている特徴」なのである。投稿されるくねくね系の話はいずれも「妖怪くねくねの正体に迫る手がかり」という側面を持っており、暗に未発見の情報が存在しうることが了解されていると言えよう。例えば事例7の話に登場する怪異は「木の杭の形をしており引き抜くと発狂する」というもので、形状や被害の発生条件において、テンプレの内容と大きく異なる。しかしこの話がくねくね系の話として関連づけられているのは、テンプレが必ずしも遵守されるものではないことを示している。

テンプレのような参照枠組は、ネットロアにのみ見られるものではない。村上晶は、津軽地域で「カミサマ」と呼ばれる巫者の託宣が、時として固有の解釈や構成を持ちながらも、祈禱の依頼者に受け入れられていることに注目している。村上はそれを「地域の信仰実践に慣れ親しんでいる人が接近可能な「神的なものについての発想群」（神的発想群）」によって説明づけている〔村上　二〇一七　八三〕。カミサマだけでなく依頼者や信者といった受け手にも共有された神的発想群に結びつけられることで、儀礼の差異がカミサマの個性というバリエーションの一つに回収されるというのである〔村上　二〇一七　八三〕。この「神的発想群」という概念は、ネットロアにおけるテンプレと非常に近い働きをしているように思える。テンプレは神的発想群のような共同体で共有される認識が部分的に可視化されたものであるとも言える。また、神的発想群は長い時間をかけて自然と形成されていったのに対し、テンプレは共有を目的に短期間で明文化されている。

前節で紹介した事例9をはじめとする様々な考察も、テンプレと同様に、妖怪くねくねについての情報を構成する知識となる。後発の話への影響が大きいと思われる考察の一例として、「妖怪くねくねの正体はカカシの神である」というものがある。「くねくね」でもそうであったように、「カカシかと思ったら奇妙な動きをしていて異常なものと気づく」という展開はくねくね系の話に珍しくない。事例17でも同様のくだりがあるように、カカシというのはくねくね系の話に頻出する要素であると言えよう。

そのような妖怪くねくねとカカシを関連づける言説の中で、カカシに関する信仰が話題に出ることがあった。二〇〇三年七月一五日に「くねくねスレ」第二スレの六八三レス目に書き込まれた事例18が比較的早期に登場した事例である。これは六四三レス目に書き込まれた「妖怪くねくねの正体は鳥獣除けのために動く仕掛けのあるカカシであり、自分の祖父がそのようなカカシを実際に作っていた」という書き込みに対する返答として書き込まれた。この書き込みで触れられている久延毘古《くえびこ》という神は実際に『古事記』に登場しており、カカシと関連性があるというのも間違いではない〔倉塚　一九七九〕。この書き込みをした人物は記紀神話に関する知識をある程度持っていることがわかる。これ以外にも、妖怪くねくねをカカシやそれに関する信仰と結びつける情報は出現する。

「妖怪くねくねの正体はカカシの神である」という内容の書き込みは、妖怪くねくねの正体の考察ではなく、一つの怪談としても存在する。二〇〇五年六月一三日に「洒落にならないくらい恐い話を集めてみない？」の第一〇〇スレ[27]の五八二レス目から五八四レス目と、その後日談として二〇〇五年六月一五日に同じスレッドの七八七レス目と七八八レス目に投稿された書き込みからなる事例19がそれである。この話は「洒落にならないくらい恐い話を集めてみない？」でも投稿直後にくねくね系の話と認識されたようで、そこでは五九二レス目で「くねくね＝案山子の神様？？」という反応も書き込まれていた。くねくね系の話を目的とするスレッド以外でも、くねくね系の話として認識されていたことが分かる。この話は「くねくねスレ」第九スレ[28]の一九一レス目から一九三レス目にも同日中にコピペされている。事例19に登場する怪異は、事例13のテンプレに記される妖怪くねくねとおおよそ類似した描写であり、そこから事例19もくねくね系の話に結びつけられたのだろう。

さらに、「くねくねスレ」の第九スレ、一九八レス目にて「案山子のもとってクエビコだかなんだかって…。日本神話にでてくる神様じゃなかった？　そういえば…。」との反応がある。こちらは明確に久延毘古の名前を挙げており、この指摘を行った人物が過去に事例18の書き込みを見ていた可能性も十二分にあると言えるだろう。確かに事例19は、「口減らしに歩けなくされて殺された村人を祭り上げた」という、怪談らしく血なまぐさい話だが、「歩くことのできないカカシの神」という点は久延毘古と共通している。この点を考慮すると、事例19の話を投稿した人物も事例18を参考にした可能性も考えられる。

他にも妖怪くねくねをカカシに関する信仰と結びつける書き込みが存在する。二〇〇五年七月一〇日に書き込まれたもので、先の事例19がコピペされた場所と同じく「くねくねスレ」第九スレに八三四レス目から断続的に書き込まれた[29]。内容は事例20に示す。こちらは研究者の著書を具体的な書名まで挙げて参照していると明言されている。書き込みの内容を見ると、蛇とカカシそして記紀神話における少彦名《すくなひこな》神と久延毘古の関係性、そしてカカシの性質についての記述を引用し、「何だかクネクネとの共通点が…」と述べている。しかし、引用部分の内容に目を向けると「見た人物を発狂させる」などの記述は見られない。事例13のテンプレとはあまり重ならないと言えるだろう。むしろ「例の洒落怖の体験談を連想してしまう」とある通り、妖怪くねくねや「くねくね」との類似性と言うよりは、直前に投稿された事例19との類似性を見出していると思われる。少なくとも妖怪くねくねの正体を探求しようとする掲示板の利用者たちには、事例20は「有力な手掛かり」となったらしい。これに対する反応としては八四八レス目で「>>843　ものスゴいクネクネと関係深そうではないですか！　これはちょいと日本神話や語源に詳しい方の意見を聞いてみたいところですね。クネクネを考察する上で、スゴく有益な情報だと思うので、また面白い部分があれば抜粋してください！」、八四九レス目では「>>843-846 乙、GJGJGJ![30]なんか一歩進んだって感じだ。蛇って凄いんだな(｀ー↘´)ってゆーか、くねくねは蛇のような気さえしてきたよ」などと好評である。

　事例19と事例20のカカシに関する投稿は短期間に連続したこともあり、「妖怪くねくねの正体はカカシの神である」という説はスレッドの利用者たちの間である程度定着したらしい。次のスレッドである「くねくねスレ」第一〇スレ[31]では妖怪くねくねの正体に関する複数の説をテンプレに追加することが提案された。その中にはカカシに関する説も含まれていた。妖怪くねくねの基礎的なプロフィールと同じく、スレッドのユーザーたちに共有される情報となったと言えるだろう。事例20で示されるカカシの神という情報は、テンプレや初期の話に描写される妖怪くねくね像との共通点は少ないが、近い時期に投稿された事例19を介することでくねくね系の話の一部に組み込まれていると言える。

　さて、事例20が事例19を介してくねくね系の話に結びつけられることで、これ以降の話はどのようになっていくのだろうか。前節で触れたように、実在する（とされる）伝承と結びつけることでくねくね系の話は読み手に「妖怪くねくねという伝承が本当に各地に伝わっている」と感じさせることができる。つまり事例20で紹介される、実際に伝承されている「歩けないカカシの神」である久延毘古と関連性が見出されることにより、くねくね系の話も「実際に伝承されている」と感じさせる効果があるのだろう。

　注意したいのはここで久延毘古と関連づけられることでリアリティを得るのは「分からない方がいい・・」や「くねくね」のみではなく、くねくね系の話の全体であるという点である。事例20は類似点のある事例19と結び

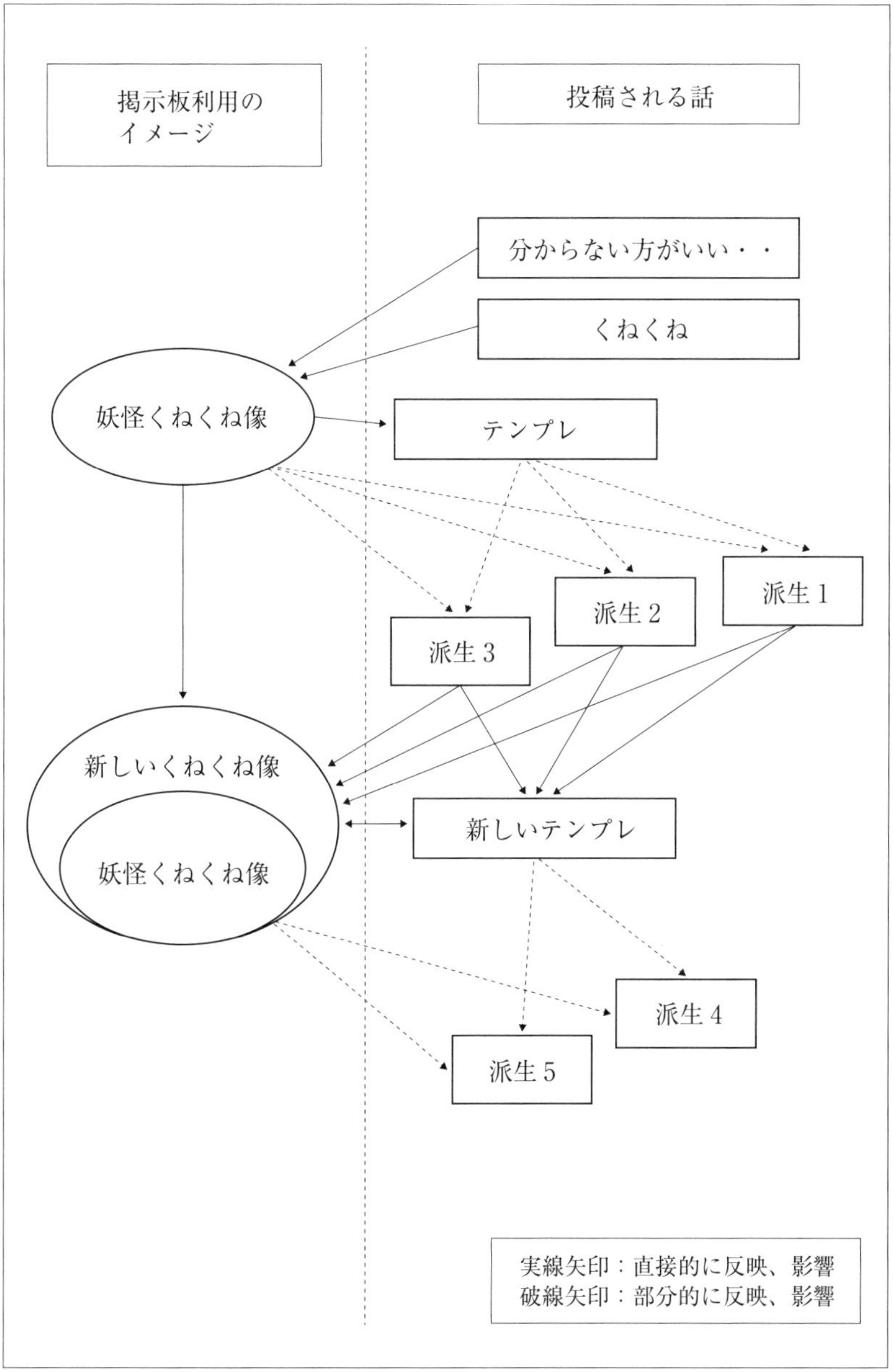

図2　個別の話とテンプレ・派生の影響関係

つく、そして事例19はすでに述べたように単純に「分からない方がいい・・」や「くねくね」と結びつけられるのではなく、テンプレによりくねくね系の話全体に関連づけられるのである。

以上、くねくね系の話が新しい要素を受容して拡張されていく形で変化する様相について、考察を行った。投稿された話や考察がもたらす影響を分析することで、それぞれが相互に影響を及ぼす複雑な関係性が明らかになったといえよう。平易に整理すれば、集積する多数の話の内容から妖怪存在くねくねについての情報が抽出され、テンプレが作成される。テンプレは妖怪存在くねくねの、あるいはくねくね系の話の前提知識として共有される。そうして共有された知識に基づいて、新たな話や考察が投稿され、もしくは投稿された話がくねくね系の話として結びつけられる。そして時には投稿された話から更にテンプレが更新されることもある。こうしてくねくね系の話に新しい要素が追加され、妖怪存在くねくねの情報として共有される。こうしたプロセスは図2のように整理できるだろう。

次項では、掲示板において生成されたくねくね系の話や妖怪くねくねについての情報、そしてそれらの間にある諸関係が、2ちゃんねるの外部においてどのように展開されるのかを検討する。

(2) 掲示板の外部での関係性

すでに確認したようにくねくね系の話は2ちゃんねる内で派生関係を形成している。しかし、当然ながらくねくね系の話は2ちゃんねるのみで流通しているわけではない。そのため、掲示板の外部におけるくねくね系の話の状況を考慮する必要がある。2ちゃんねるの話が外部に拡散するにあたり、まとめブログが大きな役割を果たしていることはすでに述べた。そうしたまとめブログにおいて、くねくね系の話はどのように知られているのだろうか。

最初に、まとめブログにおける記事の掲載のあり方についておさえておく。基本的には投稿された話を単独で抜き出して記事にしているため、話に対する感想や話題などもほとんど転載されない。つまり掲示板において投稿された話をくねくね系の話に関連づけていたような指摘などは、まとめブログでは排除される場合が多い。

それではまとめブログに掲載される話とはそれぞれが完全に独立しており、話の結びつきは見られないのかと言うと、そうとは限らない。まとめブログによっては、掲載している話をタグ機能などで分類している。例えば、「くねくね」というタグが設定されていれば、そのタグがつけられている話はそのまとめブログにおいて妖怪くねくねに関する話として扱われていると言えるだろう。もちろん、まとめブログにおける関連づけは、掲示板におけるそれとは形態も性質も異なっている。先に相違点を確認しておこう。

まず、まとめブログにおける事例同士の関連づけは、運営者個人の判断による分類を通して行われている点である。掲示板のように不特定多数によって類似性が見出されるならば、必ずしも意見が一致するとは限らない。例えば前節では「くねくねの正体はカカシの神である」という考察やそのきっかけとなった事例20を紹介したが、これも満場一致で受け入れられたわけではない。定着はしつつもあくまで「説の一つ」であり、慎重な書き込みも見られた。「くねくねスレ」第一〇スレの冒頭で、第九スレの事例19や事例20の話題を引き継ぎ「くねくねの正体はカカシの神である」という説に賛同する書き込みに対し、二四二レス目では「>>237>>240>>241 久延毘古は案山子の神様だが、クネクネしてない。見て精神崩壊する理由も無い。結論を出すのは早いのでは無いかい?」と慎重な意見も書き込まれている。

このように、掲示板ではユーザーたちの意見が完全に統一されることはないと言ってよいだろう。したがって、ある話が「くねくね系の話に含まれるか」を明確に断言はできない。先述の事例8のようにくねくね系の話ではないと判断された話はあっても、それは明確な基準によるものではなく、別のタイミングでは受け入れられる可能性もある。それに対し、まとめブログの場合は運営者個人によって判断される。そのため、基準の有無は別として意見の相違は起こらない。

さらに、タグという機能により、ある話がくねくね系の話として関連づけられているか否かが可視化されているという点も、掲示板での関連づけとは異なる。作成された記事、つまりはまとめブログに掲載された話ごとに、その話にどんなタグがつけられているかが明示されている。関連づけの有無を他の利用者の反応を見て判断するしかない掲示板とは異なるわけである。

では、まとめブログでは実際にどのような話をくねくね系の話として位置づけているのだろうか。以下、事例を挙げてゆく。まとめブログの調査は、タグ機能によって事例を検索可能にしているものを対象とした。そしてタグに該当する記事を確認し、その話の転載元となる掲示板でどのように扱われているのかを辿った。これにより、まとめブログでのくねくね系の話の認識が、掲示板の利用者によるくねくね系の話の認識とどう異なるのかを明らかにする。なお、調査対象としたのは「2chオカルト板・怖い話・洒落怖怪談の厳選まとめ[32]」、「怪談ストーリーズ[33]」、「パラノーマルちゃんねる[34]」、「怖い話〜怪談百貨店〜[35]」の四つのウェブサイトである。

各まとめブログにおいて、くねくね系の話として分類された話とまとめブログでの掲載日、その転載元となったスレッドと転載元における投稿日、そしてそれらの話がどこでくねくね系の話として結びつけられていたかを示したものが表2になる。表における「関連づけ」とは、その話をくねくね系の話として関連づける書き込みがどこでなされたかを記号で示している。○はその話が掲示板に投稿される際に、投稿者本人により「妖怪くねくねらしき物を見た」などと書かれている場合を指す。△は、その話が投稿された掲示板で、他の投稿者によってくねくね系の話との類似点が言及された場合に該当する。また、ハイフンは、その話が「分からない方がいい・・」か「くねくね」のどちらかであることを示す。これらはまとめブログに転載される以前にすでにくねくね系の話として位置づけられていた話であることを意味する。最後に、転載元の時点でくねくね系の話に結びつけられていないものが×である。これは転載元の掲示板でくねくね系の話との関連性が認識されていない場合を指している。つまりは×となっている話は、まとめブログの管理人によってくねくね系の話に結びつけられた可能性がある。四つのまとめブログに掲載されたくねくね系の話の総計は六一件であり、内訳としては〇が二九件、△が二一件、ハイフンが五件、×が六件であった。

興味深いのは×である事例、つまりはまとめブログに転載されるにあたり関連づけられたと見られる話が非常に少ない点である。すなわち、まとめブログへの転載では、今までそれと見なされてはいなかった話が、新規にくねくね系の話に加えられるような変化は珍しいということを意味する。少なくともくねくねについては、まとめブログは、既存の関連性が外部へと転載される場所としてあると言えるだろう。

もう一つ注目したいのは、三つのまとめブログにおいて「分からない方がいい・・」と「くねくね」のどちらかもしくは両方を掲載しているという点である。三つのまとめブログに掲載されている話は「分からない方がいい・・」のみであった。初期の話の人気が他より際立っていることが窺える。つまり、数々の派生の話に対して、初期の話である「分からない方がいい・・」と「くねくね」の二話が明確に転載されやすい傾向にあることがわかる。また、複数のウェブサイトに掲載される話であるという点は閲覧者にとっても意味を持つ。こういったまとめブログは意図が似通っているために、Googleなどの検索エンジンにおいて、基本的に同様のキーワードで

表2　まとめブログに転載される話

記事名	まとめサイト掲載日	転載元	転載元の投稿日時	関連付け
2chオカルト板・怖い話・洒落怖怪談の厳選まとめ				
山奥のくねくね	2015/12/5	洒落怖第214スレ	2009/6/3	△
分からないほうがいい	2013/9/19	分からない方がいい…	2000/3/5	—
くねくね	2013/2/22	くねくね	2003/3/29	—
怪談ストーリーズ				
『くねくね』短編 – 全7話（第1話） 分からない方がいい	2019/10/28	分からない方がいい…	2000/3/5	—
『くねくね』短編 – 全7話（第2話） くねくね	2019/10/28	くねくね	2003/3/29	—
『くねくね』短編 – 全7話（第3話） 白いくねくね	2019/10/28	エニグマ第14スレ	2003/6/14	△
『くねくね』短編 – 全7話（第4話） 黒いくねくね	2019/10/28	洒落怖第41スレ	2003/6/13	○
『くねくね』短編 – 全7話（第5話）	2019/10/28	不明		×
『くねくね』短編 – 全7話（第6話）	2019/10/28	洒落怖第42スレ	2003/6/20	△
『くねくね』短編 – 全7話（第7話）	2019/10/28	くねくね第1スレ	2003/7/13	○
山頂のくねくね	2019/12/19	洒落怖第193スレ	2008/6/5	○
きまり	2019/12/22	洒落怖第10スレ	2002/1/30	×
ちょうちんび	2019/12/22	洒落怖第44スレ	2003/7/14	△
ぺらぺらのくねくね	2019/12/22	洒落怖第57スレ	2003/11/4	○
くねくねもの	2019/12/22	洒落怖第61スレ	2003/12/26	○
くねくね踊り、言語感覚がおかしな友人	2019/12/22	洒落怖第87スレ	2004/10/31	×
黒いうねうね	2019/12/22	洒落怖第87スレ	2004/11/1	△
墓から墓へ	2019/12/22	洒落怖第87スレ	2004/11/2	○
田舎の風景	2019/12/22	洒落怖第89スレ	2004/12/25	△
案山子の神様	2019/12/22	洒落怖第100スレ	2005/6/13	△
新幹線からみた	2019/12/22	洒落怖第102スレ	2005/6/30	△
狂った兄	2019/12/22	洒落怖第108スレ	2005/9/9	○
ウネウネ	2019/12/22	洒落怖第117スレ	2005/12/17	○
海面	2019/12/22	洒落怖第133スレ	2006/6/27	△
くねくね歩き	2019/12/22	洒落怖第135スレ	2006/7/10	○
映像	2019/12/22	洒落怖第139スレ	2006/8/10	×
くねくね目撃	2019/12/22	山怖第62スレ	2012/6/10	○
黒いぐにゃぐにゃ	2019/12/22	洒落怖第171スレ	2007/8/6	△
黒い影	2019/12/22	■百物語■2006年冬	2006/12/16	○

くねくねの正体	2019/12/22	洒落怖第171スレ	2007/8/4	○
線路	2019/12/22	洒落怖第156スレ	2007/1/31	○
見てしまった	2019/12/22	洒落怖第153スレ	2006/12/21	○
パラノーマルちゃんねる				
【不気味】くねくね見たっぽいんだけど、これって大丈夫かなwww?	2015/3/14	洒落怖第156スレ	2007/1/31	○
【くねくね】Fが気になって指さして「なんだあのウネウネ」と言った。	2015/5/14	洒落怖第117スレ	2005/12/17	○
【田んぼ】そのときはスーパーの袋かなんかだと思った	2015/10/14	洒落怖第103スレ	2005/7/11	△
【神奈川】山のてっぺんに何か黒い棒のようなものが見えた。昨日までは絶対にそんなものなかった。	2016/1/26	不明	不明	×
【家の中の怪異】ガラス越しにうごめくなにか	2016/7/26	洒落怖第289スレ	2012/1/28	○
【3.11】津波に流されながら確かに見た、白い踊っている奴	2016/8/4	ほんのりと怖い話第118スレ	2016/7/31	△
【気色悪い】フェンスの上で踊る赤いジャージのやつ	2017/1/11	洒落怖第213スレ	2009/5/23	△
【恐怖】トンボの観察をしようと田んぼに『ビデオカメラをセット』した子供、恐ろしい事件に巻き込まれる	2018/10/14	洒る落怖第244スレ	2010/7/7	△
【オカルト】駐車場に見えた、『2ちゃんで有名な白いアレ』、こんなとこにもいるのかよ‥	2019/5/17	洒落怖第193スレ	2008/5/13	△
竹林の中に謎の動物おる‥	2019/8/9	山怖第9スレ	2004/05/15	△
【海の怖い話】「あれサーファーじゃね?」「波だろ?」「やっぱり人だよ。めちゃくちゃ手振ってるじゃん」	2020/4/9	海怖第8スレ	2006/06/04	○
【これヤバくね?】アパートで変なおっさんがお面つけて両手挙げて踊ってる	2020/6/22	誰も信じてくれないけど本当あった話	2009/7/3	△
「なに、あれ?」空にタツノオトシゴみたいなのが浮いてる‥	2020/8/26	エニグマ第33スレ	2006/5/24	△
【福岡県】山に1人で釣りに行ってそこで変な物見た‥	2021/4/28	洒落怖第214スレ	2009/6/3	△
【田舎の怖い話】田んぼの周りで遊んでると遠くに人が見えた→突然小さくなったり、また元に戻ったり奇妙な動きをしている‥	2021/11/3	洒落怖第61スレ	2003/12/26	○
【田舎の怖い話】あ、田んぼで人が踊ってる‥	2022/2/9	分からない方がいい‥	2000/3/5	—
【恐怖】夜道をバイクで走行中、わけのわからないモノを見た‥	2022/8/12	エニグマ第61スレ	2010/5/23	○
【田舎の怖い話】人型だけど、人じゃない動きをするナニカ	2022/8/31	エニグマ第56スレ	2009/9/1	○
【恐怖】私には、何か思い出したらいけない記憶があるんじゃないかと思う‥	2022/10/15	エニグマ第37スレ	2007/2/4	○
怖い話～怪談百貨店～				
【怖い話 第637話】中央本線勝沼～塩山間の下り線の作業をしていた時ぶどう畑に感じた違和感【怖い話】	2018/4/20	鉄怖第3スレ	2013/7/27	○
【怖い話 第1044話】全身黒タイツの人【怖い話】	2018/10/10	ちょっとした不思議な話や霊感の話その100	2016/9/19	△
【怖い話 第1224話】昔、母親と一緒にクネクネのようなものを見た【不思議体験】	2018/12/26	エニグマ第100スレ	2016/11/10	○
【怖い話 第1344話】小学3年の夏、九州の田舎の田んぼで「くねくね」のようなものを見た【怖い話】	2019/11/15	エニグマ第101スレ	2017/4/4	○
【怖い話 第1554話】くねくねとは少し違うがくねくねを見たのかもしれない【怖い話】	2019/5/21	洒落怖第330スレ	2015/9/16	○
【怖い話 第1972話】茨城県の岩間で深夜にドライブしてた時「くねくね」を見た【怖い話】	2019/11/15	ほんのりと怖い話第112スレ	2015/11/1	○
【怖い話 第2136話】池袋でタバコを吸っている時に会話した中年男性から貰ったメモ【怖い話】	2020/1/15	ほんのりと怖い話第115スレ	2016/3/22	×
【怖い話 第2411話】真っ黒くねくね【怖い話】	2020/5/25	ほんのりと怖い話第123スレ	2017/3/28	○
【怖い話 第2509話】秋田で見た「くねくね」【怖い話】	2020/7/13	洒落怖第317スレ	2014/2/27	○
【怖い話 第3538話】十字路の白い煙【怖い話】	2021/12/10	ほんのりと怖い話第85スレ	2012/6/9	△

検索結果として示される。そのため、いずれかのまとめブログを閲覧している人物が他のまとめブログを見ていてもおかしくはない。時には、これらのテーマの似たまとめブログ間で、関連サイトの紹介として相互のリンクを直接掲載している場合もある。そうして複数のウェブサイトで同じ話を読んだ閲覧者は、「分からない方がいい・・」や「くねくね」が、最初期に出現したという時系列を知らなくとも、掲載頻度の高い、重要な話であるという感覚を抱くだろう。

このように、まとめブログで掲載されている話の選択からは、「分からない方がいい・・」と「くねくね」が重視され続けていることが見て取れる。様々なバリエーションが生成されつつも、初期の話や人気のある話は系統の中で中核として振る舞い続けているわけである。このような状況は、二節で述べた、検索機能とコピーアンドペースト機能によって特定の話が注目されるという、ネットロアの特徴を反映したものでもある。

以上、前項と合わせてくねくね系の話が派生し、テンプレという形で共有される前提知識を形成し、そして掲示板の外部へと広まるプロセスを明らかにした。これによりくねくね系の話という集合の全体像が見えてきたと言えるだろう。

まず、話の発生源となった「分からない方がいい・・」と「くねくね」の二話は、最初期の話であるにもかかわらず、掲示板内でも外部のウェブサイトでも存在感を維持している。くねくね系の話においては派生が繰り返されたとしても、初期の話が参照されなくなるという状況にはなっていない。

次に、テンプレによる前提知識の共有である。多数存在する派生の話は、妖怪くねくねの性質や話の展開において必ずしも「分からない方がいい・・」や「くねくね」と一致するとは限らない。しかしテンプレによって羅列される特徴と照合され、ある程度の類似点が見出されることでくねくね系の話として許容される。一方でテンプレ自体が派生を含む多数の話を取り入れているため、テンプレの内容自体が完全には固定されていないのである。集積した話からテンプレが作られ、テンプレが参照されることで新たな話が結びつけられる。こうした往還関係により、個々の話は何かしらの共通点で関連づけられている一方で全体に一貫する要素を持つわけではないという、くねくね系の話の相互関係が形成されるのである。

最後にまとめブログによる転載である。掲示板内では無関係であった話が、まとめブログでくねくね系の話として扱われるという事例は稀である。まとめブログが果たした役割は、話を新しく結びつけるのではなく、掲示板内で結びついた話を外部へ転載するものであったと言えるだろう。また、最初期の話は、他の話に比べて転載されているまとめブログが多かった。このことから、くねくね系を代表する話という位置づけは後発の話が出現した後も刷新されず、第一世代とも言うべき話が大きな影響力を持ち続けるという性質が分析できる。この点はネットロアならではの特徴と言えるだろう。

おわりに

本章ではネット上を中心に流通する怪談である、くねくね系の話においてどのような話が派生し、またそれらがどのように結びついているのかを、個々の書き込みから分析した。今回対象としたくねくね系の話は、一つの話題が長期的に継続している事例である。そのため検索機能などを用いた調査が行いやすく、話の全体像を明らかにするのに適した事例であったと言えるだろう。とは言え、話が集積することで緩やかな基準が構築され、そこから話と話の関係性が形成されるという状況は、必ずしもネットロアに限ったものではないはずである。

インターネット上のコミュニケーションにおいては、他のメディアでは取りこぼされてきた断片的な言葉が可視化されている。本論で示したように、単独で成立する話のみではなくそれらに反応する様々な言説、話と話を結びつける情報など他のメディアでは残されない情報を、ネットロアという媒体を介することで明らかにできるのではないだろうか。

注

（1） 2ch history（仮）
http://merge.geo.jp/history/benkei/#/total/year（最終閲覧日二〇二三年一月一五日）

（2） 最大書き込み件数が一〇〇〇件になったのは二〇〇一年四月からである。それ以前は書き込み数に上限は無く、一定期間書き込みがない場合にのみスレッドが終了していた。

（3） これらの他にも「海にまつわる怖い話」スレや、「山にまつわる怖い話」スレなどが存在する。

（4） 愉快犯的にやりとりの妨害や無意味な書き込みを行う行為及びそれを行うユーザーを指す。

（5） ただし金城は、あくまで可能性の一つとして挙げているのであり、反対に話の完成度が高いから拡散されるという可能性も否定してはいない。

（6） 妖怪存在は、小松和彦による妖怪の定義の段階のうちの一つである。怪音などの不思議な現象が妖怪現象、それを発生させるとされる主体が妖怪存在に当たる〔小松 二〇一一 一四〕。

（7） Wikipedia くねくね（最終閲覧日二〇二三年一月一五日）
https://ja.wikipedia.org/w/index.php?title=%E3%81%8F%E3%81%AD%E3%81%8F%E3%81%AD&oldid=39521106

（8） くねくねとは（クネクネとは）［単語記事］－ニコニコ大百科（最終閲覧日二〇二三年一月一五日）
https://dic.nicovideo.jp/a/%E3%81%8F%E3%81%AD%E3%81%8F%E3%81%AD

（9） このウェブサイトは現在閉鎖されているため、アーカイブとして保存されたページのURLを掲載する（最終閲覧日二〇二三年一月一五日）。
https://web.archive.org/web/20041222174746fw_/http://homepage3.nifty.com/kaidan/ghost0.htm

（10）死ぬ程洒落にならない話を集めてみない？ PART6!（最終閲覧日二〇二三年一月一五日）
https://curry.5ch.net/test/read.cgi/occult/993836343/

（11）洒落にならないくらい恐い話を集めてみない？ Part31（最終閲覧日二〇二三年一月一五日）
https://hobby2.5ch.net/test/read.cgi/occult/1047906776/

（12）く　ね　く　ね（最終閲覧日二〇二三年一月一五日）
https://bubble.5ch.net/test/read.cgi/occult/1057734131/

（13）不可解な体験、謎な話～enigma～ Part14（最終閲覧日二〇二三年一月一五日）
https://bubble.5ch.net/test/read.cgi/occult/1055552551/

（14）【ミツメテハ】　くねくね19　【イケナイ】（最終閲覧日二〇二三年一月一五日）
https://anchorage.5ch.net/test/read.cgi/occult/1276003591/

（15）【ミツメテハ】　くねくね14　【イケナイ】（最終閲覧日二〇二三年一月一五日）
https://hobby7.5ch.net/test/read.cgi/occult/1146845849/

（16）【発狂】　くねくね13　【必至】（最終閲覧日二〇二三年一月一五日）
https://hobby7.5ch.net/test/read.cgi/occult/1145008505/

（17）【ミツメテハ】　くねくね2　【イケナイ】（最終閲覧日二〇二三年一月一五日）
https://hobby4.5ch.net/test/read.cgi/occult/1058090342/

（18）【ミツメテハ】　くねくね2　【イケナイ】（最終閲覧日二〇二三年一月一五日）
https://bubble.5ch.net/test/read.cgi/occult/1058090374/

（19）【ミツメテハ】　くねくね18　【イケナイ】（最終閲覧日二〇二三年一月一五日）
https://hobby9.5ch.net/test/read.cgi/occult/1187913215/

（20）【ミツメテハ】　くねくね17　【イケナイ】（最終閲覧日二〇二三年一月一五日）

https://hobby9.5ch.net/test/read.cgi/occult/1169550585/

（21）【ミツメデハ】　くねくね18.1　【イクナイ】（最終閲覧日二〇二三年一月一五日）
https://hobby9.5ch.net/test/read.cgi/occult/1188374868/

（22）【オドル】　くねくね5　【スリムオバQ】（最終閲覧日二〇二三年一月一五日）
https://hobby4.5ch.net/test/read.cgi/occult/1061823538/

（23）死ぬ程洒落にならない怖い話を集めてみない？　219（最終閲覧日二〇二三年一月一五日）
https://anchorage.5ch.net/test/read.cgi/occult/1248761856/

（24）【ミツメデハ】　くねくね4　【イクナイ】（最終閲覧日二〇二三年一月一五日）
https://hobby4.5ch.net/test/read.cgi/occult/1059362311/

（25）【ミツメデハ】　くねくね8　【イクナイ】（最終閲覧日二〇二三年一月一五日）
https://hobby7.5ch.net/test/read.cgi/occult/1100317418/

（26）洒落にならないくらい恐い話を集めてみない？　part41（最終閲覧日二〇二三年一月一五日）
https://hobby3.5ch.net/test/read.cgi/occult/1055229957/

（27）死ぬ程洒落にならない怖い話を集めてみない？　100（最終閲覧日二〇二三年一月一五日）
https://hobby7.5ch.net/test/read.cgi/occult/1118066568/

（28）【ミツメタラ】　くねくね9　【デテヤバス】（最終閲覧日二〇二三年一月一五日）
https://hobby7.5ch.net/test/read.cgi/occult/1115642448/

（29）具体的には、八三四レス目、八三七レス目、八四三レス目から八四六レス目の合計六レスに渡っての書き込みである。

（30）「乙」は「お疲れ」、「GJ」は「Good job」を意味するスラングである。

（31）【ミツメタラ】　くねくね10　【デテヤバス】（最終閲覧日二〇二三年一月一五日）
https://hobby7.5ch.net/test/read.cgi/occult/1121185855/

（32）2chオカルト板・怖い話・洒落怖怪談の厳選まとめ（最終閲覧日二〇二三年一月一五日）
http://blog.livedoor.jp/kaidan2ch/

（33）怪談ストーリーズ（最終閲覧日二〇二三年一月一五日）
https://kaidanstorys.com/
（34）パラノーマルちゃんねる（最終閲覧日二〇二三年一月一五日）
http://www.paranormal-ch.com/
（35）怖い話～怪談百貨店～（最終閲覧日二〇二三年一月一五日）
http://kowaihanashi.info/

参考文献

・朝里樹　二〇一八『日本現代怪異事典』笠間書院
・飯倉義之　二〇〇三「昔話の話型索引作成者は〈愚か村話〉話群の夢を見るか？」『國學院大學大学院紀要文学研究科』三五輯
・飯倉義之　二〇一六「怪談の文法を求めて――怪談実話／実話怪談とは「何か」」一柳廣孝監修・飯倉義之編『怪異を魅せる』青弓社
・飯倉義之　二〇一七「口承文芸研究はなぜ「疑似的な声」と向き合えないのか」『國學院雜誌』第一一八巻第四号
・伊藤龍平　二〇一六『ネットロア～ウェブ時代の「ハナシ」の伝承～』青弓社
・押見皓介　二〇二二「ネットロアで語られる場所を巡る一考察：いわゆる「洒落怖」の実態把握を通して」『常民文化』四五号
・金城ハウプトマン朱美　二〇二一「ドイツ語圏における現代伝説の受容：ロルフ・W・ブレードニヒ『観葉植物ユッカの蜘蛛：現代伝説』への投書とその後」『現代民俗学研究』一三
・倉塚曄子　一九七九「久延毘古」『国史大辞典』弘文館
・小松和彦　二〇一一『妖怪学の基礎知識』KADOKAWA
・総務省　二〇〇〇「平成一二年通信利用動向調査世帯編」
・総務省　二〇〇六「平成一七年通信利用動向調査世帯編」

・総務省　二〇二〇「令和二年通信利用動向調査世帯編」
・知里真志保　一九八一「えぞおばけ列伝」『アイヌ民譚集』岩波書店
・永島大輝　二〇一九「異世界はエレベーターとともに。YouTuberの都市伝説」『世間話研究』二七
・廣田龍平　二〇一八「怪奇的自然は妖怪を滲出する」『ユリイカ』二〇一八年二月号
・廣田龍平　二〇二二『妖怪の誕生―超自然と怪奇的自然の存在論的歴史人類学―』青弓社
・古山美佳　二〇一八「ネット社会における実況系ネットロアの伝播と活用：「口裂け女」と「きさらぎ駅」の比較から」『國學院大學大学院紀要文学研究科』四九輯
・三原久幸　一九七七「話群」『日本昔話事典』弘文堂
・村上晶　二〇一七『巫者のいる日常～津軽のカミサマから都心のスピリチュアルセラピストまで～』春風社

参考ウェブサイト

2ちゃんねる（最終閲覧日：二〇二三年一月一五日）
くねくね　https://bubble.5ch.net/test/read.cgi/occult/1057734131/
【ﾐﾂﾒﾃﾙ】くねくね2【ｲｹﾅｲ】　https://bubble.5ch.net/test/read.cgi/occult/1058090374/
【ﾐﾂﾒﾃﾙ】くねくね2【ｲｹﾅｲ】　https://hobby4.5ch.net/test/read.cgi/occult/1058090342/
【ﾐﾂﾒﾃﾙ】くねくね4【ｲｹﾅｲ】　https://hobby4.5ch.net/test/read.cgi/occult/1059362311/
【オドル】くねくね5【スリムオバQ】　https://hobby4.5ch.net/test/read.cgi/occult/1061823538/
【ﾐﾂﾒﾃﾙ】くねくね6【ｲｸﾅｲ】　https://hobby5.5ch.net/test/read.cgi/occult/1074356394/
【ﾐﾂﾒﾃﾙ】くねくね7【ｲｸﾅｲ】　https://hobby7.5ch.net/test/read.cgi/occult/1091778265/
【ﾐﾂﾒﾃﾙ】くねくね8【ｲｸﾅｲ】　https://hobby7.5ch.net/test/read.cgi/occult/1100317418/
【ﾐﾂﾒﾀﾗ】くねくね9【ﾃﾗｷﾔﾊﾟｽ】　https://hobby7.5ch.net/test/read.cgi/occult/1115642448/
【ﾐﾂﾒﾀﾗ】くねくね10【ﾃﾗｷﾔﾊﾟｽ】　https://hobby7.5ch.net/test/read.cgi/occult/1121185855/
【ﾐﾂﾒﾀﾗ】くねくね11【ﾃﾗｺﾜｽ】　https://hobby7.5ch.net/test/read.cgi/occult/1128078592/

【ﾐﾂﾒﾃﾝ】　くねくね12　【ｲｸﾅｲ】　https://hobby7.5ch.net/test/read.cgi/occult/1139098187/
【発狂】　くねくね13　【必至】　https://hobby7.5ch.net/test/read.cgi/occult/1145008505/
【ﾐﾂﾒﾃﾝ】　くねくね14　【ｲｸﾅｲ】　https://hobby7.5ch.net/test/read.cgi/occult/1146845849/
【ﾐﾂﾒﾃﾝ】　くねくね15　【ｲｸﾅｲ】　https://hobby7.5ch.net/test/read.cgi/occult/1146921119/
【信じる】　くねくね裏15　【経験】　https://hobby7.5ch.net/test/read.cgi/occult/1146970020/
【ｼﾌﾟｶﾞｷ隊の歌】　くねくね16　【みたいなｽﾚﾀｲ】　https://hobby9.5ch.net/test/read.cgi/occult/1150901253/
【ﾐﾂﾒﾃﾝ】　くねくね17　【ｲｸﾅｲ】　https://hobby9.5ch.net/test/read.cgi/occult/1169550585/
【ﾐﾂﾒﾃﾝ】　くねくね18　【ｲｸﾅｲ】　https://hobby9.5ch.net/test/read.cgi/occult/1187913215/
【ﾐﾂﾒﾃﾝ】　くねくね18.1　【ｲｸﾅｲ】　https://hobby9.5ch.net/test/read.cgi/occult/1188374868/
【ﾐﾂﾒﾃﾝ】　くねくね18.2　【ｲｸﾅｲ】　https://hobby10.5ch.net/test/read.cgi/occult/1191262323/
【ﾐﾂﾒﾃﾝ】　くねくね18.3　【ｲｸﾅｲ】　https://anchorage.5ch.net/test/read.cgi/occult/1228631122/
【ﾐﾂﾒﾃﾝ】　くねくね19　【ｲｸﾅｲ】　https://anchorage.5ch.net/test/read.cgi/occult/1276003591/
死ぬ程洒落にならない話を集めてみない？　PART6!　https://curry.5ch.net/test/read.cgi/occult/993836343/
洒落にならないくらい恐い話を集めてみない？　Part31　https://hobby2.5ch.net/test/read.cgi/occult/1047906776/
洒落にならないくらい恐い話を集めてみない？　part41（最終閲覧日二〇二三年一月一五日）
https://hobby3.5ch.net/test/read.cgi/occult/1055229957/
死ぬ程洒落にならない怖い話を集めてみない？　100（最終閲覧日二〇二三年一月一五日）
https://hobby7.5ch.net/test/read.cgi/occult/1118066568/
死ぬ程洒落にならない怖い話を集めてみない？　219（最終閲覧日二〇二三年一月一五日）
https://anchorage.5ch.net/test/read.cgi/occult/1248761856/
不可解な体験、謎な話～enigma～　Part14（最終閲覧日二〇二三年一月一五日）
https://bubble.5ch.net/test/read.cgi/occult/1055552551/
2ch history（仮）（最終閲覧日二〇二三年一月一五日）

http://merge.geo.jp/history/benkei/#/total/year
Wikipedia　くねくね（最終閲覧日二〇二三年一月一五日）
https://ja.wikipedia.org/w/index.php?title=%E3%81%8F%E3%81%AD%E3%81%8F%E3%81%AD&oldid=39521106
くねくねとは（クネクネとは）［単語記事］―ニコニコ大百科（最終閲覧日二〇二三年一月一五日）
https://dic.nicovideo.jp/a/%E3%81%8F%E3%81%AD%E3%81%8F%E3%81%AD
2chオカルト板・怖い話・洒落怖怪談の厳選まとめ（最終閲覧日二〇二四年一月二〇日）
http://blog.livedoor.jp/kaidan2ch/
怪談投稿（最終閲覧日二〇二四年一月二〇日）
https://web.archive.org/web/20041222174746fw_/http://homepage3.nifty.com/kaidan/ghost0.htm
怪談ストーリーズ（最終閲覧日二〇二四年一月二〇日）
https://kaidanstorys.com/
パラノーマルちゃんねる（最終閲覧日二〇二四年一月二〇日）
http://www.paranormal-ch.com/
怖い話～怪談百貨店～（最終閲覧日二〇二四年一月二〇日）
http://kowaihanashi.info/

[事例1]

・田舎の田畑や、山中の水辺に出現する。
・体色は白または黒で、白である場合が多く、目を引く。
・くねくねと動く。あるいは踊る。
・それを目撃しただけでは害はない。
・しかしそれ以上のことを知ってしまうと発狂する。主に意識喪失、無気力症、精神薄弱などを発症する。
・地元民には知られた存在である。

（https://dic.nicovideo.jp/a/%E3%81%8F%E3%81%AD%E3%81%8F%E3%81%AD より）


[事例2]「分からない方がいい・・」

わたしの弟から聞いた本当の話です。

弟の友達のA君の実体験だそうです。

A君が、子供の頃A君のお兄さんとお母さんの田舎へ遊びに行きました。

外は、晴れていて田んぼが緑に生い茂っている頃でした。

せっかくの良い天気なのに、なぜか2人は外で遊ぶ気がしなくて、家の中で遊んでいました。

ふと、お兄さんが立ち上がり窓のところへ行きました。

A君も続いて、窓へ進みました。

お兄さんの視線の方向を追いかけてみると、人が見えました。

真っ白な服を着た人、

(男なのか女なのか、その窓からの距離ではよく分からなかったそうです)が1人立っています。

(あんな所で何をしているのかな）と思い、続けて見るとその白い服の人は、くねくねと動き始めました。

(踊りかな？）そう思ったのもつかの間、その白い人は不自然な方向に体を曲げるのです。

とても、人間とは思えない間接の曲げ方をするそうです。

くねくねくねくねと。

A君は、気味が悪くなり、お兄さんに話しかけました。

「ねえ。あれ、何だろ？お兄ちゃん、見える？」すると、お兄さんも「分からない。」と答えたそうです。

ですが、答えた直後、お兄さんはあの白い人が何なのか、分かったようです。

「お兄ちゃん、分かったの？教えて？」とA君が、聞いたのですが、お兄さんは「分かった。でも、分からない方がいい。」と、答えてくれませんでした。

あれは、一体なんだったのでしょうか？今でも、A君は、分からないそうです。

「お兄さんに、もう一度聞けばいいじゃない？」と、私は弟に言ってみました。

これだけでは、私も何だか消化不良ですから。

すると、弟がこう言ったのです。

「A君のお兄さん、今、知的障害になっちゃってるんだよ。」


（https://web.archive.org/web/20041222174746fw_/http://homepage3.nifty.com/kaidan/ghost0.htmより）

[事例3]「く　ね　く　ね」

別サイトに掲載されてて、このスレの投票所でも結構人気のある「分からないほうがいい」って話あるじゃないですか。

その話、自分が子供の頃体験した事と、恐ろしく似てたんです。

それで、体験した事自体は全然怖くないのですが、その「分からないほうがいい」と重ね合わせると、凄い怖かったので、その体験話を元に「分からないほうがいい」と混ぜて詳しく書いてみたんですが、載せてもいいでしょうか？


これは小さい頃、秋田にある祖母の実家に帰省した時の事である。

年に一度のお盆にしか訪れる事のない祖母の家に着いた僕は、早速大はしゃぎで兄と外に遊びに行った。都会とは違い、空気が断然うまい。僕は、爽やかな風を浴びながら、兄と田んぼの周りを駆け回った。

そして、日が登りきり、真昼に差し掛かった頃、ピタリと風か止んだ。と思ったら、気持ち悪いぐらいの生緩い風が吹いてきた。僕は、『ただでさえ暑いのに、何でこんな暖かい風が吹いてくるんだよ！』と、さっきの爽快感を奪われた事で少し機嫌悪そうに言い放った。

すると、兄は、さっきから別な方向を見ている。その方向には案山子（かかし）がある。『あの案山子がどうしたの？』と兄に聞くと、兄は『いや、その向こうだ』と言って、ますます目を凝らして見ている。僕も気になり、田んぼのずっと向こうをジーッと見た。すると、確かに見える。


何だ…あれは。遠くからだからよく分からないが、人ぐらいの大きさの白い物体が、くねくねと動いている。

しかも周りには田んぼがあるだけ。近くに人がいるわけでもない。僕は一瞬奇妙に感じたが、ひとまずこう解釈した。

『あれ、新種の案山子（かかし）じゃない？きっと！今まで動く案山子なんか無かったから、農家の人か誰かが考えたんだ！多分さっきから吹いてる風で動いてるんだよ！』

兄は、僕のズバリ的確な解釈に納得した表情だったが、その表情は一瞬で消えた。

風がピタリと止んだのだ。しかし例の白い物体は相変わらずくねくねと動いている。兄は『おい…まだ動いてるぞ…あれは一体何なんだ？』と驚いた口調で言い、気になってしょうがなかったのか、兄は家に戻り、双眼鏡を持って再び現場にきた。兄は、少々ワクワクした様子で、『最初俺が見てみるから、お前は少し待ってろよー！』と言い、はりきって双眼鏡を覗いた。


すると、急に兄の顔に変化が生じた。みるみる真っ青になっていき、冷や汗をだくだく流して、ついには持ってる双眼鏡を落とした。僕は、兄の変貌ぶりを恐れながらも、兄に聞いてみた。『何だったの？』

兄はゆっくり答えた。

『わカらナいホうガいイ……』

すでに兄の声では無かった。兄はそのままヒタヒタと家に戻っていった。

僕は、すぐさま兄を真っ青にしたあの白い物体を見てやろうと、落ちてる双眼鏡を取ろうとしたが、兄の言葉を聞いたせいか、見る勇気が無い。しかし気になる。

遠くから見たら、ただ白い物体が奇妙にくねくねと動いているだけだ。少し奇妙だが、それ以上の恐怖感は起こらない。しかし、兄は…。よし、見るしかない。どんな物が兄に恐怖を与えたのか、自分の目で確かめてやる！僕は、落ちてる双眼鏡を取って覗こうとした。

その時、祖父がすごいあせった様子でこっちに走ってきた。僕が『どうしたの？』と尋ねる前に、すごい勢いで祖父が、『あの白い物体を見てはならん！見たのか！お前、その双眼鏡で見たのか！』と迫ってきた。僕は『いや…まだ…』と少しキョドった感じで答えたら、祖父は『よかった…』と言い、安心した様子でその場に泣き崩れた。僕は、わけの分からないまま、家に戻された。


帰ると、みんな泣いている。僕の事で？いや、違う。よく見ると、兄だけ狂ったように笑いながら、まるであの白い物体のようにくねくね、くねくねと乱舞している。僕は、その兄の姿に、あの白い物体よりもすごい恐怖感を覚えた。

そして家に帰る日、祖母がこう言った。『兄はここに置いといた方が暮らしやすいだろう。あっちだと、狭いし、世間の事を考えたら数日も持たん…うちに置いといて、何年か経ってから、田んぼに放してやるのが一番だ…。』

僕はその言葉を聞き、大声で泣き叫んだ。以前の兄の姿は、もう、無い。また来年実家に行った時に会ったとしても、それはもう兄ではない。何でこんな事に…ついこの前まで仲良く遊んでたのに、何で…。僕は、必死に涙を拭い、車に乗って、実家を離れた。


祖父たちが手を振ってる中で、変わり果てた兄が、一瞬、僕に手を振ったように見えた。

僕は、遠ざかってゆく中、兄の表情を見ようと、双眼鏡で覗いたら、兄は、確かに泣いていた。表情は笑っていたが、今まで兄が一度も見せなかったような、最初で最後の悲しい笑顔だった。

そして、すぐ曲がり角を曲がったときにもう兄の姿は見えなくなったが、僕は涙を流しながらずっと双眼鏡を覗き続けた。『いつか…元に戻るよね…』

そう思って、兄の元の姿を懐かしみながら、緑が一面に広がる田んぼを見晴らしていた。そして、兄との思い出を回想しながら、ただ双眼鏡を覗いていた。

…その時だった。

見てはいけないと分かっている物を、間近で見てしまったのだ。

『くねくね』


（https://hobby2.5ch.net/test/read.cgi/occult/1047906776/ より）

［事例４］

洒落にならないくらい怖い話スレに書き込むべきか迷ったけどこっちに。

小さい頃、両親と東北に旅行した時泊まった民宿の窓から妙なものを見た。

最近になってテレビでゴム男の話を見て、ああ、あの時見たのはコレかなぁと思ったんだが…

ずっと遠くの波の上でくねくねしている白い何か。ガキだったから「イカ男ハケーン」とか思って親を呼びに行き、戻ってみるといなくなってたんだが…

波間に発泡スチロールが浮かんでいただけだと思いたい。でもそれは人間に似てた。思い返したくないけどちょくちょく上がってる例の話そっくりなんだよ。何かの拍子でそれが何なのか理解できてしまったらと思うとすげえ怖い。俺はゴム男だと思ってオカ板に来たのに。

（https://bubble.5ch.net/test/read.cgi/occult/1055552551/ より）

［事例５］

あぁ。
くねくねした物体ってよく見るものなんだ。
へぇ。俺も昔に見たな。ガキん頃。
家の塀がなくなって視界が開けた、向こう側の橋の上でゆらゆら揺れてた。
色は赤、白、緑の三色だったけど。
髪みたいのが赤で、体が白で足元が緑だった。
人間みたいな体してるんだけど動きは人間じゃなかったよ。
なんか、火が燃えてるみたいな。
俺、目があんまよくなくて、凝らしてみたけどよく見えなかったんだけど、
真っ白な顔の口のあたりがパクパク動いててなんか、言ってるみたいだった。
何かなって思ったけど、確かめずに帰った。

（https://hobby4.5ch.net/test/read.cgi/occult/1058090342/ より）

［事例６］

くねくね見たよ
田んぼとか水近くとか 関係ない 線路の踏みきりにいた。

最初は目やにとでも思ってくねくねとは思ってなかったけど目をこすっても見えるし、白い。

２～３日前にくねくね知って全然信じてなかったからよーく見てしまった。

でも俺目が悪いからじーっくり見てしまった。

距離としては100m先ぐらい
がしかしやっぱり目悪いので全然見えなかった。

白い物体でしか見えなかった。

窓のゴミか 錯覚かガセネタかと思って10分ぐらい疑いながら見た。

で、ちと疲れていたので、そのまま寝てしまった
が、夢でおそろしい体験をしてしまった。

福岡の人と同様 くねくね みたいなぁと思ってた所は一致した

んで夢？についてだけど
最初リズムのいい曲が流れてきて歌も聞こえてきた
でも歌の歌詞はなんだかよくききとれない
よーく聞こうと歌に集中すると「ま」「？」「ね」「こ」を一文字ずつリズムよく歌ってる
おい！こんな放送ギリギリの歌ありなのか？と思ってみて
んなこたーねーよなと思ってさらに集中してしまった。
するとなんか金剛力士堂みたいな顔がきゅうに浮かんでなんかそっちの方にひっぱられる感じを覚えた
反射的になんかやべーと思って抵抗すると 金剛力士堂は見えなくなって、また歌がリズム良く始まる

で、リズムに乗って俺も頭の中で「ま」「？」「ね」「こ」って歌を歌い出す。当然そんな歌知らないのに頭の中で何回も歌ってるとすげー気持ちいい。その気持ちいいがはんぱじゃない俺男だけどナニが出る瞬間がすーっと持続する感じ。

今まで経験したことないくらいだ。

なんで歌を止めようにも止めれない。

で、その気持ちよさに つられてると また金剛力士堂がでてくる
で、また、そっちの方にひっぱられる感じを覚えたのだが、ずーっと気持ちがいいので抵抗しようという気がなかなか起きない。

だけど本能が働くのだろうか 自分の意志が時々働き、ひっぱられるのに抵抗し、歌も何度も止めた
だが、自分の意識とは別に 歌が頭の中を繰り返し、気持ちもよくなる。

そのうち 金剛力士堂もでて また 抵抗する というのを何回も繰り返してた。

そのうち 何回も繰り返してると目が覚めてきた。
でも夢は覚めてない。起きている時も 歌が繰り返し繰り返し続く・・
いくら止めても続く。
そのうち 発狂しそうになった
歌を止めるといままでの快楽もストップするし自分の意志で自分の頭の中をコントロールできないからだ
で、その時 くねくね を思い出した。

これが発狂状態なのではないかと とぎれとぎれに考え出し、必死になって歌を止めようと、自分の好きな曲を大音量で流したり、筋トレやったりして、必死に逃れようとした。

で、かれこれ20分程 歌と格闘して、やっと自分の意志で自分のことをコントロールできるようになった。

自分を取り戻したとき、すんげー安心した。

もし、歌に負けてたら俺も発狂して知能障害起こしてたかもしれないそれくらい強烈だった。

俺 貧血でも倒れないくらい意識だけは硬いので、耐えれたかもしれないけど、こんなの子供が受けたら間違いなく自分を保てないだろう
以上長々経験談でした。


（https://hobby4.5ch.net/test/read.cgi/occult/1061823538/ より）

［事例７］

俺はド田舎で兼業農家をやってるんだが、農作業やってる時にふと気になったことがあって、それをウチの爺さんに訊ねてみたんだ。その時に聞いた話が個人的に怖かったので投下。

長文となってしまって申し訳ない、長文NGの人はスルーおながいします。

農作業でビニールシートを固定したりすると時等に、木の杭を使用することがあるんだが、ウチで使ってる木の杭には、全てある一文字の漢字が彫りこんである。

今まで、特に気にしていなかったんだが、近所の農家で使ってる杭を見てみたところそんな文字は書いてない。

ウチの杭と余所の杭を見分けるための目印かとも思ったのだが、彫ってある漢字は、ウチの苗字と何の関係も無い字だったので不思議に思い、ウチの爺さんにその理由を聞いてみた。

爺さんの父親（俺の曾爺さんにあたる）から聞いた話で、自分が直接体験したことではないから、真偽の程はわからんがとの前置きをした後、爺さんはその理由を話してくれた。

大正時代の初め、爺さんが生まれる前、曾爺さんが若かりし頃の話。

事の発端は、曾爺さんの村に住む若者二人（A、B）が、薪を求めて山に入ったことから始まる。

二人は山に入り、お互いの姿が確認できる距離で薪集めに勤しんでいた。

正午に近くになり、Aが「そろそろメシにするか」ともう一人にと声をかけ

ようとした時だった。

突然、Bが
「ああああアアアああアあアアァァァああぁぁぁアアアァァァァァアああああああああああああああアアアア」

人間にかくも大きな叫び声が上げられるのかと思うほどの絶叫を上げた。

突然の出来事にAが呆然としている中、Bは肺の中空気を出し切るまで絶叫を続け、その後、ガクリと地面に崩れ落ちた。

Aは慌ててBに駆け寄ると、Bは焦点の定まらない虚ろな目で虚空を見つめている。体を揺すったり、頬を張ったりしてみても、全く正気を取り戻す様子がない。そこでAは慌ててBを背負うようにして山を降りた。

その後、１日経っても、Bは正気に戻らなかった。

家族のものは山の物怪にでも憑かれたのだと思い、近所の寺に連れて行きお祓いを受けさせた。

しかし、Bが正気に戻ることはなかった。(1/5)

そんな出来事があってから1週間ほど経った頃昼下がりののどかな農村に、身の毛もよだつ絶叫が響き渡った。

「ああああアアアああアあアアァァァああぁぁぁアアアァァァァァアああああああああああああああアアアア」

何事かと近くに居た村のものが向かってみると、たった今まで畑仕事をしていた思しき壮年の男が虚空を見つめ放心状態で立ち竦んでいた。駆けつけたものが肩を強くつかんで揺さぶっても全く反応がない。

先のBの時と同じだった。その後、家族のものが医者に見せても、心身喪失状態であること以外はわからず、近所の、寺や神社に行ってお祓いを受けさせても状況は変わらなかった。

迷信深い年寄り達は山の物の怪が里に下りてきたのだと震え上がった。

しばらくすると、曾爺さんの村だけでなく近隣の村々でも、人外のものとも思える絶叫の後に心身喪失状態に陥る者が現れ始めた。しかもそれは、起こる時間帯もマチマチで、被害にあう人物にも共通するものが何も無く、まさしく無差別と言った様相だった。

曾爺さんが怪異に出くわしたのはそんな時だった。

その日、曾爺さんは弟と二人して田んぼ仕事に精を出していた。夕方になり仕事を終えて帰ろうとした時、自分が耕していた場所に木の杭が立てられているのが目に入った。つい先程まではそんなものは全くなくそれは、忽然と眼前に現れたとしか言い様がなかった。

突如として現れた木の杭を不思議に思い、まじまじと見つめていた曾爺さんだったが、「誰だ？こんなふざけた事をしたのは。」とわずかな怒りを覚え、

「こんな邪魔なものを他人んちの田んぼにブッ刺しやがって・・」

そのうち「邪魔だ。邪魔だ。ジャマダ、ジャマダ、ジャマ、ジャマジャマジャマジャマジャマジャマジャマ」

杭を今すぐにでも引き抜きたい衝動で頭が埋め尽くされたようになり、その衝動に任せて、力一杯その杭を引き抜こうとしたその時、弟に肩を掴まれ我に返ったという。(2/5)

落ち着いて辺りを見渡してもると先程の杭は何処にも見当たらなかった。

弟に問い質してみたところ、弟はそんな木の杭は全く見ていないという。

一緒に帰ろうとしていた兄（曾爺さん）がふと何かに目を留めた素振りを見せ、何も無い虚空を見つめていたかと思うと、何も無いところで、何かを引き抜く時するような腰を屈めて力を溜める姿勢をとったので、何をしているのかと肩を叩いたのだと言う。

その時、曾爺さんは、昨今村を騒がせている出来事を思い出し、もし弟に止められることなく木の杭を抜いてしまっていれば、自分も廃人同様になっていたに違いに無いという事に思い至り、肝を潰したのだそうだ。

そんなことがあってからしばらくして、曾爺さんの住む村での犠牲者が10人を越えた頃、村長と村役達によって村人が集められた。

村長は、昨今の出来事に触れ、それがこの村だけでなく近隣の村でも起きており、現在、近隣の村々と協議し、怪異への対策を進めている最中である事を村人達に伝えた。

解決するまでには今しばらく時間がかかるとのことで、それまでの怪異に対する当面の対処として伝えられたことは「見慣れない木の杭を見かけても決してソレを引き抜かない。」ということだった。

曾爺さんの予想は当たっていた。

さらに村長は、「農作業で使用する杭には、自分達が打ち込んだものであることが明確にわかるように何らかの目印を彫り込むように」と続けた。これは自分が打ち込んだ杭の中に、例の杭が紛れ込んでいた時に、誤って引き抜いてしまう事への防御策だった。(3/5)

一頻りの説明を聞いて、今の事態を引き起こしているのは何者なのかを問う

者がいたが。

村長は、「人の怨霊、動物霊や物の怪といったものの類でではないこと以外は、良くわからない。

影響範囲が広範なことから、非常に力を持った何かだとしか言えないのだ。」と答えるのみだった。

仮に被害に遭ってしまった場合はなんとかなるのかと言う問いに対しては「二度と元に戻すことは決して出来ない。そうなった者をお祓いをしてもらいに行った時に、とある神社の神主に言われたのだ。『彼には祓うべきものは何も憑いていない』と」と村長は答えた。

神主が言うには、あれは狐に憑かれたりしたせいであのような状態になっているのではなく、今の事態を引き起こしている何かの力の一端に触れたせいで、心が壊れてしまった結果、この状態になっているのだそうだ。

つまり、何かの影響下にあって心身喪失状態に陥っているのではなく、何かの影響を受けた結果が心身喪失状態であるため、寺だろうが神社だろうが、どうすることもできないということらしい。

最後に村長は、「杭さえ、引き抜かなければ何も恐れることは無い。」と締めくくり、冷静に対処する事を村人たちに求め、解散となった。

村人達が去った後、曾爺さんは自分がその体験をしたこともあってか、村長のところに行って、その何かについて、なおも食い下がって問い質すと「幽霊や物の怪や人の祀る神様と人との間には、曖昧ながらもお約束というべきものがある。相手の領域に無闇に立ち入らないことだったり、定期的に祈りを捧げたりとな。彼らはそれを破ったものには祟りをなすが、約束事を守る限りは問題は無い。しかし、今回の事態を引き起こしている何かに、それは当てはまらない。聞いた話ではその何かは、自らがが在るがままに、ただそこに在ると言うだけで、人を正常でいられなくし、発狂させるほどの影響与えるのだそうだ。わしもそこまでしか聞かされていない。呪ってやるだとか祟ってやるだとかそういう意図も持たないにもかかわらず、存在そのものが人を狂わせる。そういうものに対しては、人は必要以上に知らない方がいいのかも知れん。」

と言い残し、村長は去って行ったそうだ。(4/5)

それから暫くして、曾爺さんの住む村で神社の建立が始まった。

怪異による犠牲者は、近隣の村々を含めて出続けていたが、その数は収束に向かっていき、神社が完成した頃には全く起きなくなったという。

今にして思えば、木の杭は、何かを封じた霊的な呪い(まじない)の類で、それを引き抜いてしまったことで、何かの力の一部が解放され、それに触れた人間が狂ってしまうということだったのかも知れん。

神社が立てられたことで、その何かは再び強固に封印され、怪異が起きなくなったということなのだろうと曾爺さんは、爺さんに話してくれたそうだ。

そんな経緯で、ウチで使う木の杭には、ウチのものである事を示す目印を今でも彫り込んでいるんだそうだ。

近所ではそんなのを見たことがないことを指摘してみたら、

「人ってのは喉もと過ぎるとなんとやらで、今ではあんまりやってる家を見かけないが、この近所だと、どこそこのＳさんとことか、Ｍさんとこは今でもやってるから見てくると良いぞ。」

と爺さん言われた。

見てきてみると、確かにＳさんちとＭさんちで使ってる木の杭には漢字一文字の彫りこみがあった。

「今でもやってる家ってのは、だいたいが犠牲者を出した家か、その親族の家だろうな」とは爺さんの談(5/5)

（https://anchorage.5ch.net/test/read.cgi/occult/1248761856/ より）

[事例８]

昔ベッドで寝てた時、夜中、って言っても明け方くらいに目が覚めたのね。

目が覚めてすぐの時ってなんか目がちっちゃくしか開かないでしょ？

目やにとかたまってるしさ。

だから俺ちょっとだけ目を開けたのね。 ほんのちょっとだけ。

ベッドは部屋の隅っこにくっつけてあるから、四角い部屋の四分の一くらいを占領してて、部屋の残りはちょうどＬ字型なの。

ちょっとだけ目を開けたらさ、なんていうんだろ・・変なもの見たのね。

一気に目が覚めちゃって、とりあえず目を閉じたわけ。

寝返りとかも怖くてうてないでさ、さっき見た状況がずっと頭の中でリピートしてんの。


考える時にさ、頭の中で声を出すときあるでしょ？

実際には出てないんだけど、イメージだけ。

おれは頭の中でこう言ったよ。

「今　走　っ　て　た　の　誰　だ　？」

もーなんつーか怖かったよ。

なんていうかただ白いだけの、人の形したもんが走ってたの。

なんだろ、めちゃくちゃ速く走ってたんだ。

ベッドの脇をだよ。 ちょっと泣きかけたよ。

俺は怖くて目をつぶったままじっとしてたのね。

でも目をつぶるって自分の意思でやると結構辛くて、まぶたが痛くなってきたわけですよ。

今思うとすげえ力込めてつぶってたんだろうな。

耐えられなくなってちょっとだけ目を開けようって思った。

それでそっと、開けた。

まーもう何も居なかったわけだが。


すぐに電気とテレビを付けた。

時間は四時頃だったかな。

アレは明らかに寝ぼけてたとかじゃなかった。

寝ぼけてない事だけは自信があったのよ。

そのくらいハッキリとした白い人の形だった。 原色そのままって感じの白さ。

まーでも寝ぼけてたとか、疲れてたとか、必死で思い込んだ。

結局眠れなかったね。

夜が明けてからかーちゃんに話した。すごいバカにされただけだった。

その日、家に帰るのがすごい嫌だったのを覚えてる。
あの部屋で眠る自信がなかった。
でもまあ、16にもなって
「ぼくこわいよー」
とか言えるわけないよな。俺にだってプライドっつーもんがあったわけだ。
ほんで家に着いて、家族はみんな台所でテレビ見たりメシ食ったりしてたんだけど、
そこに行く前に部屋の前を通ったんだ。
見ちゃうよなあ、しょうがないよなあ。
部屋の中は見まいと思ってたんだけど、横目でチラッと見ちゃったの。
なんかね、塩の入った小皿と、焼酎のビンと、炊いてない米を盛った皿が
部屋の机のとこに置いてあった。
典型的なお供えってやつだな。

速攻で台所に行って、

「あれはなに!?」って聞くでしょ。

ほんならあんた、夕方にかーちゃんが部屋を掃除しようと部屋を見た時、何か見たとか言うのよ。

何を？って聞いても微妙にはぐらかされたけど、「今日はあそこで寝るな」って言われた。

部屋変えたら、その後は何にも無かったよ。

ちょっと長くなりすぎた。ごめんよ。

でもどうしても聞きたかった、これってくねくねさんですか？

（https://hobby4.5ch.net/test/read.cgi/occult/1059362311/ より）

［事例９］
(1/2)
「くねくね」の正体は、熱中症などの病症が誇張され、
さまざまなストーリーが付加され語り継がれたものだと考えています。
「くねくね」の特徴
----
1. 白い。又は黒い。
2. 人間では考えられないような格好でくねくねと動く。あるいは踊る。
3. 正体が分からないまま遠距離で之を見ただけでは害は無い。
4. 之が何であるかを理解すると精神に異常を来たす。
5. 之を理解する過程は極めて短時間で行われる。
6. 夏の水辺で多く目撃される。

2.3.6. 夏の水辺でくねくね動くモノクロの物体が目撃されている。
これは陽炎などの光学的現象だと思われる。
4.6. これも熱中症の特徴。
夏場の高温時に水分補給などを怠ると熱中症となり、重度の場合は
「意識障害、おかしな言動や行動、過呼吸、ショック症状など」が起こる。
http://www.heat.gr.jp/explain/index.html
3.4.5. を都合よく解釈すると、
「くねくね」を見ても何もおきない人と、突然なんらかの変調を起こす人がいる。

(2/2)
以上から、「くねくね」はもやもやした陽炎と、痙攣発作を起こした人の姿がオーバーラップして出来た記憶の産物であり、２つの間に何らかの繋がりがあると考えた人が作り出した伝説のようなものだと思います。
※問題点：
熱中症の熱痙攣は「クネクネ」型ではなく筋収縮による「ピクピク」型が知られている。
「クネクネ」型の痙攣は、ウエスト症候群、レンノックス症候群など、てんかん発作などで見られる。
http://www.biwa.ne.jp/˜mccshiga/west.html
不明な点も多いので暇なときに調べておきます。

（https://hobby4.5ch.net/test/read.cgi/occult/1058090342/より）

[事例10]

くねくねは突発的に発生した空間の裂け目かマイクロブラックホールの類ですね。
ガンマ線バーストを伴うので長時間見つめていると目と脳をやられます

（https://hobby4.5ch.net/test/read.cgi/occult/1059362311/より）

[事例11]

てゆうかこれってタンモノ様の事でしょ？
普通に東北の爺様婆様は知ってると思われ。
そんなに騒ぐものか？

爺様婆様には
「タンモノ様を見ても気にするな」とか
「もし見たらすぐに目をつぶってそこから離れて井戸の水を頭から浴びろ」
ってガキの頃いつも言われてたよ。特に夏は家出る時毎回口うるさく言われてた。
「見たらメクラになる」「ボケになる」「ヘソを取られる、喰われる」
生ハゲとか雷様みたいなもんかと思ってあまり気にしてなかったけど子供心に怖かったよ。
それより夏の朝爺さんに魔除け？のために井戸水を頭からぶっかけられたり、

井戸水で顔（特に目。子供には辛い！）を洗わされる方が嫌だったｗ

（https://bubble.5ch.net/test/read.cgi/occult/1057734131/ より）

[事例12]

アイヌの昔話でパウチカムイだったか似たような話がなかったか？
既出かな。

＞＞205
↓これでつね
パウチ・カムイ
アイヌ民族の伝承にでてくる女神。ドロノキの白いモミ屑から生まれた。
姿は全裸の魅力的な女性で、人間を誘惑し、誘惑された人間は全裸になり、女神と一緒に集団となって、あちこちを踊り回る。
また、パウチ・カムイは工芸の神でもあり、織りの技などを人間に教えたという。
ある時、大雪山に女神が押し入り、その乱行に山の神が怒り、汚れを払う北風をおこした。
そのあまりの風の強さに氷海の氷が裂ける程で、氷に穴をあけて釣りをしていた人間たちが、氷と一緒に流されて行方不明になってしまった。
人間たちは女神の乱行を止めなければ、この世が神の怒りで滅びてしまうと思い、女神のもとへ談判にいったが、女神の魅力に殆どの者が恋の虜になってしまった。

（https://hobby7.5ch.net/test/read.cgi/occult/1100317418/ より）

[事例13]

・白い。又は黒い。
・人間では考えられないような格好でくねくねと動く。あるいは踊る。
・それが何であるかを理解すると精神に異常をきたす。
・単に視界に入っただけでは害は無い。
・田んぼや水辺で多くの目撃例あり。

（https://anchorage.5ch.net/test/read.cgi/occult/1276003591/ より）

[事例14]

今まで出てきた情報をまとめると

・屋外にいるのが目撃される。
・人間に似た形をしている
・基本は白色、しかし色違い（黒）のものもいる可能性あり
・くねくねと、普通の人間では考えられない妙な動きをする
・まともに正体を見ると精神的なダメージを受ける
・精神的なダメージとは、通常の恐怖などに加えて「精神力」にダイレクトに作用する？
以上のことから考えて、近い妖怪としてこんなのがあったので紹介しておく。
http://dqmic.hp.infoseek.co.jp/jr0czb9e/image/dqm/matter.html
の左下隅
http://dqmic.hp.infoseek.co.jp/jr0czb9e/image/dqm_ch/matter.html
の右上隅

（https://bubble.5ch.net/test/read.cgi/occult/1057734131/より）

[事例15]

ここいらでもう一度まとめ。

「くねくね」
・白い。
・人間では考えられないような格好でくねくねと動く。あるいは踊る。
・之が単に視界に入っただけでは害は無い。
・之が何であるかを理解すると精神に障害を来たす。
・水辺で多く目撃される。

（https://bubble.5ch.net/test/read.cgi/occult/1057734131/より）

[事例16]

＞＞833
＞＞122の報告例があるから「黒い」のがいる可能性も。

あと、「障害」は精神障害（自然科学的病理現象）と分けるため「異常」の方がいいかも。

細かくてスマソ。

「くねくね」
・白い。又は黒い。
・人間では考えられないような格好でくねくねと動く。あるいは踊る。
・之が単に視界に入っただけでは害は無い。

・之が何であるかを理解すると精神に異常を来たす。
・水辺で多く目撃される。

https://bubble.5ch.net/test/read.cgi/occult/1057734131/ より）

[事例17]

過去ログをあさっていたら「田んぼの真中でひたすらくねくねしてるやつが云々・・」って話があったのですが、他にも見た人いませんか？

俺は見ました。

高校の時、家に友達を呼んでくだらない話で盛り上がっていると玄関を勢いよく開けて母が転がり込んできました。

尋常ならざる様子に俺が駆け寄ると母は
「お願い、お願いだから田んぼには行かないで」

と繰り返しました。

買い物帰り、自転車で田んぼ道を走っていると見なれない黒いものがうごめいているのが見えたそうです。カカシかな、と思い自転車を止めてよく見てみると手足の細い人型の物体がその四肢を狂ったようにくねくねと動かしていたらしいのです。

とたんに得も言われぬ恐怖に襲われ、逃げてきたそうです。

その時は分かった、と一言いって母を落ち着かせたのですが、話のネタにも困っていた俺達はこっそり母の言った田んぼにいってみることにしました。

それはやはり居ました。風も無いのに、ひたすら手足を動かす黒いもの。しかもそれはゆっくりと移動していました。

しまった！と思ったときにはもう遅く、目からは涙があふれ膝はがくがくと震え出しました。

友人も口元を振るわせながら目をうるませていました。泣きながら逃げ帰ったのは言うまでもありません。

くねくね動くだけのものがどうして怖いのか？と問われると言い返しようがありませんが、まるで俺を飲みこむようなあの圧倒的な違和感はこの世のものとはとても思えません。

ほんとに怖かったんです。


（https://hobby3.5ch.net/test/read.cgi/occult/1055229957/ より）

[事例18]
>>643
私のじいちゃんも昔つくってましたよ、案山子。

じいちゃん「案山子は神様なんだよ」て言ってましたっけ。

でも最近は、田舎でも案山子をあまり見かけなくなったし、風情が無くなりましたね。

ちなみに案山子てのは、古事記でいうところの久延毘古（くえびこ）という神様にあたるそうです。

本当に神様なんですね。

久延毘古は、少名毘古那（すくなびこな）の素性を言い当てたことで有名で、天下の事を何でも知っている
物知りな神様だそうです。

また久延毘古の「くえ」というのは、「崩（く）ゆ」の連体形で身体の崩れた男を指すとか。

別に案山子が「くねくね」だとか言うつもりは全然ないですけどね。少し思い出したので。

（https://bubble.5ch.net/test/read.cgi/occult/1058090374/ より）

[事例19]
流れを無視して俺が高校の時の話
田舎住まいなので通学するときにはいつも田んぼの脇道を通っていた。
その日も家に帰る為、いつものように田んぼの脇道をカエルの鳴声を聞きながら歩いていた、すると田んぼの中にピンク色の割烹着のような服を着た人が立っているのに気が付く
「ああ、田植えか何かしているんだな」そう思って良く見てみると、何か動きがおかしい、片足で腰をクネクネさせながら白いビニールの紐のようなものを新体操をしているかのように体の回りでグルグルさせている。
何と言うか、フラフープをしているような、そんな動き。
変な汗が俺の体中からフツフツと湧き出てきた
しかもソレは片足でケンケンしながら少しずつコチラに近付いて来ている

ゲコゲコと蛙の鳴声が響く夕焼けの田んぼの中で俺は何故か動けずにソレを見ていた。

腰をクネクネさせてピョコピョコとコチラにやって来るソレに顔は無かった、

と言うか見えなかった。
写真でブレた時みたいな、激しく顔を振っているそんな感じ、体は普通に見えるのに、まるで顔の部分だけぼやけていると言うか・・。
俺は目がかすれたのかな？と思い何度も目を擦ってみたがソレの顔は相変わらず見えない、しかも、もう目の前まで来ている
「ああ、こらもう俺の人生終わったな」そう思ったと同時に涙が物凄い勢いで流れた、目が痛くて開けていられない程に・・、俺はその痛みと恐怖で気絶してしまったらしく、次に目を開けた時には自宅の布団の中でした。

そこには俺を囲むように親父と祖父、祖母と近所の坊さんが居て、なにやら念仏のようなものを声を揃えて唱えている、なんだかその状況が可笑しくて「ブフッ！」と、吹き出すと祖母が「ジッとしてろ！」グッっと俺の体を押さえ付けて低い声でそう言った。
結局それは俺が目覚めてから1時間程続いたのかな、その後、祖母に聞いた話しでは俺が出会ったアレは「案山子の神様」とかなんだけど、その案山子は寂しかったのか何か知らないが、俺を自分の仲間にしようとしたらしい「連れてかれたら一生泥の中で暮さなきゃいけねえんだぞ」と祖母は最後に言いました
おかげで今でも田んぼに案山子がポツンと立っていると恐くてしょうがないです。
何かソレとかアレとか読みずらかったですね、すんませんです。

親父に電話で色々聞いてみました
気絶した俺を見つけたのは近所の人だった
田んぼの脇道に人（俺）が倒れていたので「まさか・・」と、近付くと涙を流したまま倒れている俺、その目の前に俺を見下ろすような形で立っている案山子
「やっぱり」そう思い俺の祖父や坊さんに知らせたそうです
昔も似たような事件が何回かあったみたいです
殆どの人は助かっているそうですが発見された時には目の前の案山子を見つめたままケラケラと笑い続け、案山子の側を離れようとしない者も何人かいたそうです

さらに嫌な話も聞いてしまいました

なんでも昔昔の食糧難の時に、その村にいる役立たずの人を、食いぶちを減らす為に殺してしまうそうです
しかし、ただ殺すだけではと田んぼを荒らす獣除けにと逃げられないように足を片方切断して白装束を着せ、田んぼに立て掛けた十字型の木に縛り付けてしまう
片足、両手等を縛られて殆ど身動き出来ないその人は、そこから抜け出そうと体をくねくねさせる
それを遠くで見る村人は「あれならあと2、3日は余裕で持つな」と話すそうです
縛られた人は大体餓死か日射病？で死ぬが、中には熊や野犬などに食われてしまう人もいるそうです（獣除けになっていない・・）
まあ、そんな非道な事をやってれば、祟りや何だで、その村に色々起ったので（ここら辺の事は親父も祖父に教えてもらえなかったみたいです）生きたまま案山子にされた人を「神様」と祭り上げた
まあ、俺の親父も死んだ祖父も無類の酒好きなので何所まで本当か何所までが嘘かわからんです。

（https://hobby7.5ch.net/test/read.cgi/occult/1118066568/より）

[事例20]
携帯から豚切りスマソ
くねくねスレずっと追っかけてたんだが、田の神、蛇神、山の神など色々な説があって面白いね。
手元に、注連縄・鏡餅・案山子の由来は「蛇」である・・と言う、蛇信仰についての本があるんだけど、気になって読み返しちゃったよ。
・・そう言えば、ヤマカガシ（山案山子）って名前の蛇がいたよなァ。
(´ー`)


834です。

「蛇～日本の蛇信仰」と言う本で、著者は吉野裕子という方。

私の持ってるのは講○社の学術文庫本です。

山と蛇、また蛇と案山子＝山から訪れて田を守る神。と言う事や、結構前のレスで話題になってた少彦名神と崩神と案山子の関係とかも載ってますよ。

くねくねと関係あるのかな・・。

ある様な、ない様な・・。

長文で良かったら、抜粋して投下しても良いでしょうか？


遅くなってすいません、837です。

長くなりそうなのでPCから書き込もうとしたのに何故かエラー・・。

＿|￣|○（半年ry）

本文第二章蛇の古語「カカ」その五カシより
『（前文略）少彦名神の協力を得て大国主神は国土経営に当たったが、最初はこの少彦神を知るものは誰もいなかったのである。

大国主神が出雲の美保岬におられる時、鵝(が)の皮を着、カガミ（漢字が出ない・・）の船に乗って、波のまにまに寄ってくる小さい神があった。

左右の人々もその神が誰なのか分からない。ヒキガエルが出てきて、それはクエビコが知っていると言う。

そこで、クエビコを呼んで来てこれを聞くと、はじめて少彦名神の名とその由緒が判る。』

長くてすいません。もうちょっと続きます。

続き
『古事記によると
「故、其少名毘古那を顕はし白せし請はゆる久延毘古は、今者に山田のソホド（漢字がry）といふぞ。

此の神は、足は行かねども、尽に天の下の事を知れる神なり」

と見え、このソホドは足ではどこにも行けないが、天下のことなら何でも知っていると言う事で、古来、案山子とされている。

この案山子の語義もまた不詳であるが、山を案ずる、つまり、山をおもうものの意であろう。

山をおもうものとは、山から来たものである事を暗示する。

蛇は、古来、山の神である。

ここで大蛇の異名に「山カガシ」がある事を思い合わせれば、山から来て田を守る神、「カカシ」の本質もやはり蛇として受け取れられるのである。』
・・やっぱ長いですが、もう少し続きます！

続き
『蛇が田を守る神となる理由は簡単で、蛇は男根への連想から種神、つまり穀物神として信仰されたからである。

また、蛇は田の実りを荒らしてはびこる野鼠を補食するから、この意味でも、蛇は田の神とされる可能性が高い。

クエビコ＝カカシ＝蛇であるならば、蛙は鼠と同様に蛇の好餌であるから、カカシとカエルの関係は深い。

少彦名神（種神）の素性を明かしたのはカカシ（蛇）であり、このカカシを人々に推薦したのはカエル（谷グク）である。

そこで、神話のこの一件をまとめてみよう。
①少彦名神（種神）とカカシ（蛇）の関係
②カカシ（蛇）とカエル（谷グク）の関係
③一本足ということ（足は行かねども、つまり足では歩けない）
④天下の事を良く知っていること（智恵者）
⑤田の守り神と言う事（山田のソホド）
この様にまとめてみると、「カカシ」の本質は「蛇」と言う事になろう。』
何だかクネクネとの共通点が・・
((((゜Д゜;))))

他、神話における山と蛇との関係や、民俗学の中に見るカカシについて、など色々記述があります。
抜粋なので、文脈が繋がらない部分もありますが、どうぞご容赦を。
文章まとめんのってムズカシイ＿|￣|○
一本足の案山子＝足の不自由な神で、例の洒落怖の体験談を連想してしまうんですが・・
（足を切断して、案山子に・・！＿|￣|○）
では長文失礼しました。
ROMに戻ります。(・∀・)ﾉｼ
（https://hobby7.5ch.net/test/read.cgi/occult/1115642448/ より）

執筆者一覧

及川祥平（おいかわ・しょうへい）　別掲

本間朱音（ほんま・あかね）
一九九九年、北海道生まれ。二〇二二年三月、成城大学卒業。

谷原颯月（たにはら・かずき）
一九九八年、神奈川県生まれ。二〇二一年三月、成城大学卒業。
主な論文に「現代ザシキワラシ考―福島県会津坂下町の松林閣の事例から―」（『現在学研究』9、二〇二二年、本書に改稿のうえ再掲）

郷司天音（ごうし・あまね）
一九九九年、千葉県生まれ。二〇二二年三月、成城大学卒業。

押見皓介（おしみ・こうすけ）
一九九七年、埼玉県生まれ。成城大学大学院博士課程後期在籍。
主な論文に「ネットロアで語られる場所を巡る一考察：いわゆる「洒落怖」の実態把握を通して」（『常民文化』45号、二〇二二年）。

及川祥平（おいかわ・しょうへい）
1983年、北海道生まれ。成城大学文芸学部准教授。博士（文学）。専門は民俗学。
主な著作に『偉人崇拝の民俗学』（勉誠出版、2017年）、『民俗学の思考法』（共編著、慶應義塾大学出版会、2021年）、『心霊スポット考―現代における怪異譚の実態』（アーツアンドクラフツ、2023年）、『生きづらさの民俗学―日常の中の差別・排除を捉える』（共編著、明石書店、2023年）、論文に「自己・世相・日常―現在を史学する視点」（『現代思想』5月号、2024年）、「『害』という視座からの民俗学」（『現在学研究』9、2022年）、「害虫と生活変化」（『民俗学研究所紀要』45、2021年）ほか多数。

現代《げんだい》の怪異《かいい》 あるいは 怪異《かいい》の現代《げんだい》
現代怪異研究小論集

2024年10月1日　第1版第1刷発行

編著者◆及川 祥 平《おいかわしようへい》
発行人◆小島　雄
発行所◆有限会社アーツアンドクラフツ
東京都千代田区神田神保町2-7-17
〒101-0051
TEL. 03-6272-5207　FAX. 03-6272-5208
http://www.webarts.co.jp/
印刷　シナノ書籍印刷株式会社

落丁・乱丁本はお取り替えいたします。
ISBN978-4-911356-00-5　C0039

「恐るべき出来事」が呼び起こす
場所と記憶の文化

心霊スポット考
現代における怪異譚の実態

及川祥平 著

「心霊スポット」という言葉が、雑誌・テレビのメディアに使用され始めたのは一九九〇年代前半。その後、「恐るべき出来事」が語られる空間＝訪れる場所としての「心霊スポット」は、インターネットの普及とともに隆盛を極めていく。「心霊スポット」という「語り」が成り立つ前史を概観し、テレビやネットで展開される実態を調査する。また、「将門塚」や「八王子城跡」など現代でも語りつがれる「心霊スポット」を検証する。

四六判上製　3000円

列島に残る民俗事象を掘り起こし、
「いくつもの日本」を明らかにする

民俗学からみる列島文化

小川直之 編

東と西、北と南、表日本と裏日本など、いくつもの文化的差異がある列島文化を、蓄積された日本民俗学の民間伝承の視点と方法をもとに、現在も「しきたり」や「ならわし」などとして残る民俗事象を研究する論考集。

A5判並製　3200円

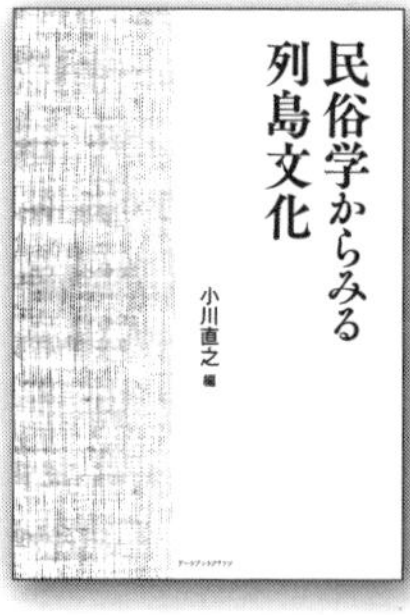

＊表示価格は、すべて税別価格です。